論創NonFiction
論創ノンフィクション 001

学校が子どもを殺すとき

「教える側」の質が劣化したこの社会で

渋井哲也
SHIBUI Tetsuya

JN068007

第二章　この国は、いじめ自殺とどう向きあってきたのか――　89

序章

私が「いじめ」と「自殺」を取材する理由

「拷問」ともいうべき凄惨ないじめ

「いじめ」という概念ではとらえることのできない継続的な拷問――。

これは、佐賀県鳥栖《とす》市の市立中学でいじめにあったK（現在、二〇歳）が、加害者の同級生と保護者、鳥栖市を相手どった裁判の訴状に書かれた内容の一部だ。Kが中学一年だった二〇一二年四月から同年一〇月二三日までの約半年間にわたり、加害者の同級生からKへの暴力が繰りかえされた。

妹がKのけがに気づき、母親が黙ってICレコーダーをカバンなどに仕掛けたことから、いじめの事実が発覚した。では、「拷問」と呼ぶべきいじめの内容は、どんなものだったのか。

きっかけは、中学入学前の出来事だった。エアガンで撃たれている女の子を助けたところ、同級生のAから「いいかっこうしやがって」と言われた。

中学入学後は、複数（裁判では八人を訴えた）の加害生徒からいじめられた。校内では、教室の出入り口に見張りをつけたうえで、顔を殴られ、首を絞められ、カッターナイフを手首に押しつけられたりした。

また、体育館で暴行された際には、加害生徒から「金づるやけん、生殺《なまごろ》しにせな」と言われ、当時、母親が脳梗塞《こうそく》で入院していたことから、「お前の親、入院してるんやろ。親を殺すこともできるんやぞ。一三歳は人殺してもつかまらんのやけん」などと脅された。

一方、Kは校外でもいじめられていた。第一が、現金のかつあげだ。Kが家から現金を持ちだし、加害生徒にわたした金銭は、少なくとも一〇〇万円にのぼる。「まるでATMのようにお金を取られた」と私に語った。

第二は、Kを狙ってエアガンで撃つという行為だ。農道や神社、そして街中でKを走らせ、加害生徒が彼を狙って撃つ。被弾すれば痛みが身体に走る。だが、家族がエアガンで狙われないためにとがまんした。

こうした凄惨ないじめに、教師や学校はどのように対応していたのであろうか。ICレコーダーでいじめの証拠を入手した家族は、担任にその事実を示した。学校では、校長まで話が伝わり、教師による加害生徒への聞きとりがおこなわれた。結果、Kに対するいじめ行為は学校側に認知された。学校内での壮絶ないじめは、家族が検証し、報告しなければ、学校側が認知することがなかった、ということでもある。

一三年三月には、Kへのいじめが「犯罪に等しいだろうと思っている」と教育長が記者会見で陳謝した。当時の市報にも「深刻ないじめ事案が発生し、ご心配をおかけしたことをおわび申し上げます」という鳥栖市教育委員会の謝罪が掲載された。

以上のようないじめが、約半年にわたり、ほぼ毎日おこなわれたのである。Kの心身は病み、現在でもPTSD（心的外傷後ストレス障害）にともなう解離症状に悩まされている。

さて、Kと父母、そして妹を原告とした裁判は、一九年一二月二〇日に判決言いわたしの日を迎えた。佐賀地裁（遠野《とうの》ゆき裁判長）は、同級生の加害者八人には、連帯して約四〇〇万円の賠償を命じた。他方、同じく被告であった鳥栖市の安全配慮義務違反については、その責任を認めなかった。

一三年の段階では、教育長も市教委もいじめの事実を認め、謝罪していたのにもかかわらず、裁判になると態度が一変した。「僕が目の前で暴力を受けていたのに、担任は助けてくれなかった」というKの訴えに対し、法廷に立った当時の担任は、「じゃれ合いは見たことがあるが、(筆者注…Kへの暴力やいじめは)特段、記憶に残っていない」と述べた。また、当時の教頭は、「事件の発覚前も、あとも、こちらとしては一生懸命努力したつもりだ」と述べるなど、責任逃れの証言を繰りかえした。

Kら原告は、鳥栖市の責任を追及するため、一九年一二月、福岡高裁に控訴した——。

これは、私が直近で取材したいじめ事件である。

Kのように、「継続的な拷問」とも呼べるようないじめ被害に悩む子どもは、いまもどこかに必ず存在していると私は考えている。そして、何より問題なのは、子どものいじめを見て見ぬふりをしたり、加害者とともにいじめに加担する教師が存在することだ。さらに、「指導」という名の暴力や暴言を振るう教師もあとを絶たない。

そういう教師の存在や振るまいによって、子どもが自殺や自殺未遂、自傷する状況は、ある意味で「学校が子どもを殺している」状況だとも言えるのではないか。

本書では、私の取材にもとづく数多くのいじめ自殺や指導死の事例を取りあげる。加害者は、同級生であったり教師であったりする。加害者が誰であれ、子どもを死に追いつめるような状況があり、その落とし前をつけようとしない学校や教育委員会、第三者委員会が存在することについて、私は強い怒りを禁じえない。これが、本書を執筆する動機のひとつでもある。

さて、本題となるいじめ自殺や指導死の実態を検証する前に、この序章では、私がなぜ「いじめ」や「自殺」などに興味を持ったのかをお知らせしておくことにする。

日本の子どもに「権利」はあるのか

私が子ども期の問題を明白に意識したのは大学生のころだった。大学では、社会福祉を学ぶサークルに入り、そのなかの児童福祉について考えるグループに所属した。そこで、児童虐待や少年非行の背景には不安定な家庭環境があり、家族が社会のなかで翻弄されていることを知った。

子育てや教育がむずかしくなるひとつの理由として、教育システムに多様性がないことと柔軟さがない社会福祉制度が気になった。誰かが社会的に逸脱したときに、人的にも経済的にも社会的なサポートが不足しているように見えた。

大学に入学したのは一九八九年。この年、東京・埼玉連続幼女誘拐殺人事件が起きて、宮崎《みやざき》勤《つとむ》（死刑執行済）が逮捕された。理解不能な事件が起きると、個人の特性に注目が集まる。宮崎の場合、彼が自分の好きな事柄や興味のある分野に傾倒する人、つまりオタクであったため、ネガティブな意味で「オタク」が注目されるようになった。また、裁判の過程では、精神鑑定で指摘された人格障害や統合失調症、解離性同一性障害（いわゆる多重人格）という彼の精神病理的な要因に注目が集った。その後も猟奇的な事件が起きると、メディアを含む社会的な言説として、精神病理的な文脈で理解しようとする流れが強まった。

また、この年の一月に昭和が終わりを告げ、平成に元号が変わる。大学入試前だっただけに、異様な雰囲気を肌身に感じた。六月には中国で天安門事件が起き、一一月にはベルリンの壁が崩壊するなど、世界情勢が目まぐるしく動くなかで、同月、国際連合が「子どもの権利に関する条約」（子どもの権利条約）を採択した（日本は九〇年に署名、九四年に批准）。私はサークルの勉強会でこの条約を取りあげ、仲間と学んだ。

時代をさかのぼると、日本には五一年に制定された「児童憲章」がある。日本国憲法の精神にもとづき、そこには「児童は、人として尊ばれる」「児童は、社会の一員として重んぜられる」「児童は、よい環境の中で育てられる」という三つの理念が書かれている。具体的な条文は一二あり、前文を含めたすべての文章が受け身の表現、すなわち「〜れる」となっている。つまり児童憲章は、権利宣言だが、子どもは社会に「守られる存在」だと規定された。

しかし、これはあくまでも憲章であり、法律ではない。子どもの権利条約で、子どもは権利の主体として位置づけられたが、当時、日本国内で子どもを権利の主体として明言している法律はなかった。

子どもの権利条約では、批准した締約国が国連子どもの権利委員会に対し、条約の履行に関する報告書（政府報告書）を提出する義務が定められている。その際、市民やNGOからも報告書（カウンターレポート）を出すことが認められている。九六年の第一回政府報告書提出の際、カウンターレポートを作成するための議論に私は参加した。

当時、制服導入問題で活動していた京都府立桂《かつら》高校の生徒会有志や、私服登校をしていた熊本県の女子高生、東京都の児童養護施設で暮らしていた高校生、そして高校生たちを支える大学生と一緒に、私は国連ジュネーブ本部へ行った。子どもたちがみずから子どもの権利委員会に向けてスピーチするのは、ランチタイムという非公式な場ではあったが、史上初の試みだった。

法と子どもと人権の関係

日本では、子どもの権利条約はほとんど無視されてきたと私は感じている。

一九九四年に日本が同条約を批准したとき、文部省（当時）が通知を出している。そのなかで同省は、条約を次のように解釈している。

条約は、世界の多くの児童（本条約の適用上は、児童は一八歳未満のすべての者と定義されている。）が、今日なお貧困、飢餓などの困難な状況に置かれていることにかんがみ、世界的な視野から児童の人権の尊重、保護の促進を目指したものであります。（文部省「児童の権利に関する条約」について）

この文章は何を言っているのか。「国内」には「貧困、飢餓などの困難な状況に置かれている」ような権利侵害の状況はないのだから、この条約は「海外」で貧困や飢餓に苦しむ国の子どもたちのためのものだと読めるようになっている。同条約は、日本をはじめとする先進国での権利侵害についても想定しているにもかかわらず……。

こうして文部省が現状を追認し、日本国内での同条約の適用を事実上スルーしたため、学校での子どもの人権侵害への対応が遅れた印象だ。だが、民主党政権の誕生により、子どもの権利にもようやく光が当てられることになる。

二〇一〇年になると、子どもの権利条約を理念に含めた法律がはじめてできた。「子ども・若者支援育成推進法」だ。第一条には、「この法律は、子ども・若者が次代の社会を担い、その健やかな成長が我が国社会の発展の基礎をなすものであることにかんがみ、日本国憲法及び児童の権利に関する条約の理念にのっとり……」という表現が入った。子どもの権利条約に国内法と同じ効力があると見なされてこなかっただけに、画期的な法律だ。

また、一六年には、子どもの権利条約を踏まえて児童福祉法が改正され、第一条が大きく変わった。「すべて児童は、ひとしくその生活を保障され、愛護されなければならない」（第一条 2）というものから、「全て児童は、児童の権利に関する条約の精神にのっとり、適切に養育されること、その生活を保障されること、愛され、保護されること、その心身の健やかな成長及び発達並びにその自立が図られることその他の福祉を等しく保障される権利を有する」といった具合に、子どもが権利の主体であることが明言されたのだ。

子ども・若者支援育成推進法の成立と児童福祉法の改正によって、実際の国民の意識は別にしても、子どもの権利というものが法的な概念として位置づけられた。

一方で、学校教育の法体系に子どもの権利条約の精神を注入することは難航した。それどころか、〇六年の自民党政権下での教育基本法の改正では、子どもの権利の視点は排除された。民主党政権時に改正を目指したものの、実現できなかった。

いじめを意識しはじめたころ

大学生のころは子どもに関する問題に興味を抱いていた。関連するルポルタージュをよく読んだものだ。たとえば、共同通信の記者、斎藤《さいとう》茂《しげ》男《お》の『父よ、母よ』（講談社文庫）。一九七〇年代の著作ではある。子どもは生まれ育ちに影響され、非行に走ったりする。だが、おとながその子どもたちをフォローすることによって変わる可能性があることを示唆するなど、大きな刺激を受けた。この本は、私が児童福祉を考えるうえでの原点になった。

また、ルポライターの鎌田慧《かまたさとし》による『教育工場の子どもたち』(岩波現代文庫)は、八〇年代に学校を取材した作品で、学校における校内暴力や少年非行、校則、体罰といった、いまにもつながる問題を描いたものだ。

そして、同書を読むことによって、私が生まれ育った栃木県の教育は異質であると感じるようになった。もっとも印象に残ったのは「教員やるなら東京都、校長やるなら栃木県」というほど、栃木県は校長の権限が強いと書かれていたことだ。実感として、栃木県には管理教育というイメージがなかっただけに、本当は教員や子どもの自由度が低いことを知った。

小学校から高校まで、私がかよった学校では、週番が毎日のように日の丸を掲げていた。栃木県の全域で揚げているのかはわからないが、いずれにせよ、それが当たり前の風景であると思いながら育った。国旗を振ることも不思議には思っていなかった。昭和天皇が那須御用邸《なすごようてい》に車で向かうたびに、自宅の前を通過した。その際、近所総出で天皇を迎え、日の丸を振ったものだ。

大学生活は、社会問題を考える場であり、私の過去を思いださせる機会となった。ただ、死や自殺について関心を持ったのは、自宅がおかれた環境によることが大きかった。

ひとつは、国道が走っていた自宅の前が、交通死亡事故の多発地帯だったことだ。国道は、ややカーブになっていた。夜になると大型トラックがたくさん通った。高速道路料金を浮かせるため、東北自動車道を通らずに国道を走るからだ。

日本の交通死亡事故は、一九五五年から高水準になっていた。五九年には死者数が一万人を突破し、「交通戦争」という言葉も生まれたものの、歩道や信号機を整備することで死者数は減少した。しかし、七一年以降、死者数が増加に転じ、八〇年には再び一万人を超えて、「第二次交通戦争」と呼ばれることになる。

外で大きな音がすると夜でも目覚めて、近くの交差点付近まで出ていき、私は事故現場を見ていた。近所の人たちも出てきて、近くの公衆電話から通報する姿をよく見かけた。のちにバイパスがつくられると、自宅付近での交通死亡事故は減少していった。

死を考えるようになったもうひとつの理由は、家の近くにあった橋で自殺が多かったことだ。交通事故が多発する交差点から約一〇〇メートル南側に橋がある。那須連山から太平洋に注ぐ那珂川《なかがわ》の上流にかかっているのが晩翠橋《ばんすいきょう》だ。アーチ型で、橋の長さが一二七・八メートル、幅は八・七メートル、高さが二三メートル。二〇〇二年に栃木県では、はじめて土木学会の選奨土木遺産に選ばれている。建造物としての美しさと、自殺多発地帯として、私の記憶に残る橋だ。橋の下で自殺者の遺体を見たこともある。

こうした環境に育っていた私は、死や自殺が幼いころから日常のなかにあったような気がする。身近な人が例の交差点で事故に遭い、その家族がうつ状態になり、晩翠橋から飛びおり自殺したという話を聞いたこともある。

子ども期のことで思いだすことのひとつは、体罰である。体罰は、学校教育法第一一条で禁止されている。その条文には「校長及び教員は、教育上必要があると認めるときは、文部科学大臣の定めるところにより、児童、生徒及び学生に懲戒を加えることができる。ただし、体罰を加えることはできない」と記されている。

小学生の私がもっとも緊張したのは、担任が子どもの頭をゲンコツで殴ることだった。決まりごとが守れないときはもちろん、ときには連帯責任というかたちで何人かの頭をゲンコツで殴っていた。はっきりとした基準がないまま子どもを殴るので、私も教師からゲンコツをくらうのではないかと、いつも緊張していた。

また、いじめる側といじめられる側の関係性は、固定化されたものではないことに気づいた。ちょっとしたことで両者の関係性は変わる。小学三年生のころだった。「三年生の男子」対「上級生の男子」という構図で、昼休みに全面対決になったのを覚えている。当時、止める教師はいなかった。気がついていなかったのか、気づいていて放置していたのかはわからない。

三年生の私たちが負けてしまい、同級生のなかにはくやしまぎれに縄跳びの紐《ひも》で自分の首を絞める者もいた。その後、三年生の私たちは、人間関係を上級生たちに崩され、団結することはなくなっていった。この全面対決と前後して、突然、私は同級生に無視されたことがあった。数日間、風邪で学校を休み、久しぶりに登校したときだった。いったい私が何をしたのか？

ある友だちが理由を教えてくれた。国語の時間に、詩を朗読する授業があった。そのとき、クラスの男子たちは、同じ詩を読むことを約束していた。そのことを、私は知らなかった。同じ詩の朗読が続くので、「なんでみんな同じ詩ばかり選ぶのか。つまらない」と思い、私は別の詩を読みあげた。これが原因で私は排除されたというのだ。

「え？　そんなことで？」。当時の私は、心のなかでそう叫んだのを覚えている。くだらないことで無視するのなら、それでもいいと割りきり、休み時間になると私は下級生たちと話すようになった。そして、無視は自然に消滅していった。

他方、同級生に無視されていた頃の私は、下級生に暴言を吐いていた。上級生との関係、同級生同士の関係、そして威圧する教師……。そんなことが重なり、ストレスを解消する手段として、下級生に不満をぶつけたのかもしれない。とにかくイライラしていたのである。

なぜそこまでイライラしたのか。要因のひとつは、小規模校であるがゆえに人間関係が固定化されていたことにある。

小規模校のほうが、教師の目が児童・生徒（本書では、児童は小学生、生徒は中学生と高校生を指す）に行き届くという議論がある。しかし、私の体験から言わせれば、そんなことはない。児童・生徒が少なければ少ないなりに、いじめ、いやがらせ、あるいはその萌芽となる人間関係をよく観察し、教師に見られないように行動するのがうまくなる。

そもそも、児童・生徒間のトラブルに関して、上手に介入できた教師の存在を私は知らない。私が同級生とケンカをしていたことを知った担任が、「自分の目の前でやれ」と言う。やらないわけにはいかなかったので、ケンカの続きをしたことがある。結局、担任は「もう止め！」と仲裁に入り、「気が済んだだろう」と言った。「はい」と答えたが、相手に対する負の感情はくすぶり続けた。

また、中学生のあるときに、集団を叱責《しっせき》している教員が、なぜか私だけに平手打ちをした。叱責のときには、具体的な誰かが対象になっていない。だから、自分が平手打ちの対象になるとはまったく思っていなかった。不意打ちだった。いまでも納得ができていない。

私は、肺炎で学校を休んだことがあった。登校するようになった私は、クラスメイトに「てんかん」と呼ばれた。私には「てんかん」という言葉の意味がわからなかった。なんだろうと思って友だちに聞いてみる。すると、叱責のときに私を平手打ちした教員が、授業で「渋井が倒れたのはてんかんの発作だ」と言っていたというのだ。

はじめは教師の知識不足で「てんかん」と言ったのかと思った。だが、笑いながら言っていたことから、おもしろおかしく話していたのだと気づいた。これは、教師によるいじめなのではないか。少なくとも、不適切な態度だと言えよう。

「生きづらさ」をテーマにする理由

一九九〇年代の後半から、私は「生きづらさ」をテーマに取材・執筆をするようになっていく。最初は、私自身の「『いま、ここ』を脱したい」という気持ちを振りかえりつつ、家出をする少年少女たちの取材をはじめた。その流れで援助交際をする少女たちにも出会った。誰もが、私の少年時代の思いを体現するような子どもたちだった。取材対象には、自傷行為や自殺未遂、依存的な行動を繰りかえす子どもも多かった。

九九年に摂食障害の女性を取材したとき、「生きづらさ」という言葉をはじめて聞き、「私がずっと気になっていたものは、この言葉に象徴されている！」としっくりきたのを覚えている。以降、子どもや若者の自殺について、多くの人から話を聞いてきた。

当時は、雑誌などで執筆する際、「生きづらさ」と書くと、編集者から説明を求められた。しかし、現在は原稿で書いても細かい説明は求められない。それだけ身近になった。

生きづらさに関する取材を進めるなかで、本書のテーマである「学校に殺されそうになった子どもたち」や「学校に殺された子どもたち」と出会う。そして、そうした子どもたちが置かれた状況をあらわすものとして、「学校死」という言葉を私は造語した。「学校死」は、広い意味で「学校生活に起因した死」を指す言葉である。雑誌「週刊女性」（主婦と生活社）で、本書と同じテーマで連載したときにはじめて使った。

自殺のきっかけとなる「いじめた側」が子どもの場合は、「いじめ自殺」と呼ばれる。また、教師による不適切な指導やパワハラが原因の自殺は、「指導死」と呼ばれる。後者はコピーライターの大貫隆志《おおぬきたかし》が造った言葉だ（くわしくは第二章で）。

私はこれまで、「死にたい」「消えたい」と思った当事者、つまり自殺願望のある人々の取材を重ねてきた。当事者の多くは、親や教師ではなく、友人に悩みを告げている。友人には、ネットの友人も含まれる。本書の取材では、自殺未遂をした子どもの場合、本人に話を聞いている。一方、自殺した子どもの場合は、遺族に証言してもらった。

学校が子どもを殺す。

「そんなことが起きるはずがない」とか「おおげさだ」と思う読者もいると思う。しかし、実際に学校が子どもを殺すような事例は、全国の各地で起きている。学校や教育委員会によって隠され、おもてざたになることが少なく、一般的には気づきにくい。

本書の目的は、安易に学校や教育委員会などを責めたてることではない。まちがったことをしたら、何がまちがっていたのかを検証し、再発しないように心がける。人としてなすべき、当たり前のことがなされていない。それを問題にしたいのである。

学校がなぜ子どもを殺すのか。教師にも、学校にも、教育委員会にも、その原因があることは言うまでもない。だが、それらの個々をどれだけ責めても、学校死の問題は解決しない。なぜならば、「学校が子どもを殺す＝学校死」とは教育のシステムそのものがまねいている問題なのだから。

なお、本書では「自分で自分の命を絶つこと」について、報告書や判決などで「自死」と表現している場合を除き、本文中では「自殺」と記している。また、文中の敬称は略した。

第一章
教師の指導で自殺に追いやられた子どもたち

学校が子どもを殺す――こう言っても、ピンとこない読者がいるかもしれない。

本章では、「指導死」という言葉が生まれた背景を紹介しつつ、おもに教師の指導が関わるかたちで自殺に追いやられた児童・生徒たちの事件をいくつか紹介する。

子どもたちがどんな思いで、自殺という行為に至ったのか、いたらざるをえなくなったのか。また、自殺に至る過程で、教師がどのように関わっているのか。これらの点に注目しながら、読みすすめてもらいたい。

1 「指導死」という言葉が生まれた背景

あるコピーライターの息子の死

教師による不適切な指導の結果、児童・生徒が自殺することを「指導死」という。この問題に関連して、近年、報道が繰りかえされた事件がある。

福井県池田町の中学校で二〇一七年三月一四日の午前八時ごろ、中学二年の男子生徒が校舎から転落して死亡した。自殺と見られている。池田町学校事故等調査委員会の報告書には、副担任による男子生徒への叱責が繰りかえされていたことが指摘されている。また、叱責を目撃した生徒が「担任が、（筆者注…自殺した生徒を）身ぶるいするくらい怒っていた」と証言している。

当時の教務主任が男子生徒に発達障害の可能性があると考え、担任に対して「正しいことであっても、男子生徒にはできないのだから、指導方法を考えないといけない」と伝えていた。さらに、家族には受診を勧めたほうがよいと助言していた。また、ほかの教員から担任が「そんなに強い口調で言わないといけないのか」と聞かれ、担任は「それだけ言わないとわからない」と答えていたこともわかった。

男子生徒の母親は「教師によるいじめ」、つまり教師による不適切な指導が自殺の原因だと訴える。その点について、九月二六日に公表された第三者委員会の報告書には、こう記されている。

本生徒は、中学校二年の一〇月以降、課題提出の遅れや生徒会の活動の準備の遅れなどを理由に担任や副担任から厳しい指導叱責を受けるようになり、教員の指導に対する不満を募らせていった。

叱責を受け、課題の遅れなどに適切に対処できない日々が続くなかで、精神面における外傷的な体験をし、自己評価や自尊感情を損ない、事故直前の三月六日以降、担任から生徒会を辞めるようにとの叱責や、副担任から弁解を許さない理詰めの叱責など、関わりの深い担任、副担任の両教員から立て続けに強い叱責を受け、精神的なストレスが大きく高まった。

一方で、指導叱責について家族に相談したが、事態が好転せず、絶望感が深まり、自死を選択したものと考えられる。

「指導死」は、コピーライターの大貫隆志《おおぬきたかし》が〇七年に造った言葉だ。自身が親として経験したことを、社会問題として広めていきたいと思ったことがきっかけだった。次男の陵平《りょうへい》（享年一三）が二〇〇〇年九月三〇日、自宅マンションの一〇階から飛びおり、自殺した。

「陵平が死んじゃった！」

別居していた妻から大貫に電話がかかってきた。

「え？　そんな。嘘だろ？」

大貫は、陵平が運ばれた埼玉県朝霞《あさか》市の朝霞台中央総合病院まで都内から車を飛ばした。妻の電話から四〇分後、病院に着いた。病院には警察がいた。自宅マンションから飛びおりたことを聞かされた。いったい陵平に何が起きたのか。

母親との関係は良好だった。自分が一緒に住んでいないことで何か見過ごしたのか。学校で何があったのかを知るため、「事実関係を明らかにしてほしい」と学校に申しいれた。

学校の調査でわかったのは、自殺前日の〇〇年九月二九日ことだ。二年生のひとりがベランダでお菓子の「ハイチュウ」を口にしていたところ、たまたま通りかかった生活指導主任に匂いで見つかった。陵平のクラスでは、担任から「帰りの会」で「ほかにお菓子を食べたものはいないか?」との聞きとりがおこなわれた。

陵平は、友だちからお菓子をもらって食べたことを告白した。ほかのクラスを含めて、お菓子を食べた生徒は九人おり、教室の半分の広さの「会議室」に呼びだされた。一二人の教員が指導にあたった。さらに追及した結果、最終的にお菓子を食べた生徒は二一人となった。指導は一時間半に及び、生徒は立ちっぱなし。宿題と称して「反省文」を書くように命じられた。

翌日、陵平以外の二〇人は再指導を受けていた。陵平は、通院のため学校を休んだ。二一時過ぎ、担任から電話がかかってきた。「金曜日の指導で、ライターを持ってきている子がいることがわかった。陵平くんの名前もあがっている。来週、お母さんも学校に来てもらうことになる」という。

学校では、教師に指導されたことを、親に知らせておくようにと生徒に言っていた。だが、陵平は指導のことを親に告げていなかった。そこに突然、教師から母親に、「指導」についての電話がかかってきたのである。

母親は電話のことを陵平に話した。彼は落ちこんでいたという。その四〇分後、長男が大きな物音を聞いた。陵平が飛びおりたのだ。

陵平の部屋には「反省文」が置かれていた。

ぼくは九月二九日に昼休み中に□□(筆者注…原文では実名)たちとベランダに出て話をし

ていました。その時□□君がハイチューを食べていて、僕も食べたくなってハイチューをもらって食べてしまいました。……（中略）……今ではなにをやっていたんだろうと思います。本当にすみませんでした。……（中略）……今後どのように罪をつぐなうか考えた結果僕は2―5の教室を放課後できるかぎり机の整とんとゴミひろいをします。

また、乱れた字で書かれたメモもあった。それは遺書だった。

死にます。ごめんなさい。たくさんバカなことをして、もう耐え切れません。バカなやつだよ。自爆だよ。じゃあね。ごめんなさい。

一〇月一日未明、校長と教頭、担任が陵平の家を訪ねた。担任は「反省文は、私にいただけないでしょうか?」と言ってきた。大貫は意味がわからず、怒った。翌日、臨時全校集会が開かれた。大貫は陵平の思いを話した。担任は大貫に「学校やクラスで何があったのか?」と聞いてきた。それは大貫が聞きたいことである。ここから学校の不誠実な対応が続くことになる。

大貫は、生徒指導に起因した自殺を「指導死」という言葉で表現した。そのうえで、指導死によって子どもを亡くしたほかの親たちと、「『指導死』親の会」を設立した。

「指導死という言葉を考えた理由としては、指導を受けて子どもが自殺をすることをなかなかわかってもらえなかったので、言葉を造ることからはじめた。その後、指導死の定義を考えたのは、体罰がからむ事案もあることがわかってきたため」（大貫）
こうしたことを踏まえたうえで、「指導死」における指導類型を次の四つに整理した。

① 不適切な言動や暴力等を用いた「指導」を、教員から受けたり見聞きすることによって、児童・生徒が精神的に追いつめられ死に至ること。
② 妥当性、教育的配慮を欠くなかで、教員から独断的、場当たり的な制裁が加えられ、結果として児童・生徒が死に至ること。
③ 長時間の身体の拘束や反省や謝罪、妥当性を欠いたペナルティー等を強要され、その精神的苦痛により児童・生徒が死に至ること。
④ 暴行罪や傷害罪、児童虐待防止法での「虐待」に相当する教員の行為により、児童・生徒が死に至ること。

この定義について大貫は、「当初、指導死は①だけでも説明できていました。しかし、運動をするなかで情報が集まってくるにつれ、定義を見直しました」と私に語った。

多くの学校事件の遺族と知りあうなかで、大貫は「指導死」を社会問題として意識するようになっていく。一七年八月には、学校事件・事故の調査検証をおこない、情報発信や提言をすることを目的とした一般社団法人「ここから未来」を設立。代表理事となった。一九年三月には文部科学省（文科省）に対して、「いじめや教師の不適切な言動を背景とした事件・事故の調査と再発防止についての要望」を提出するなど、積極的な活動を展開している。

では、指導死の具体例をさらに見ていこう。

2 〝指導部屋〟で教師が生徒に一対一の指導——長崎・中学二年指導死

校舎から飛びおりた息子

二〇〇四年三月一〇日一八時ごろ、長崎市内の中学校にかよう二年生、雄大《ゆうだい》（享年一四）が校舎から飛びおりた。

そのとき、母の和美《かずみ》は日曜日におこなうバザーの準備で、中学まで徒歩二〇分の知人宅にいた。救急車のサイレンが聞こえた。「火事かな?」と思っていると、学校から和美に電話が入った。

学校「雄大くんが校舎四階から落ちました」

和美「四階ですか？　部活でけがをしたのですか？」
学校「自分もわからない」

詳細はわからないまま夫に電話をして、タクシーに乗った。

病院に着くと、外で教頭が待っていた。処置室に案内される。医師に「死亡確認をお願いします」と言われた。「何を言っているの？」と思った。目の前で雄大が寝かされている。脳に損傷があった。呆然としながら、現実を受けとめきれないでいた。「主人が来るので待ってください」と言った。雄大に呼びかけるが反応はない。三〇分後、夫が到着した。一九時ごろに死亡が確認された。

すぐに警察の事情聴取があり、雄大が学校でタバコを持っていたので指導を受けたとの説明があった。警察からは「自分で飛びおりたのではないか」「自殺の心当たりはないか」「いじめはないか」などと聞かれた。当時の状況を和美が語る。

「どちらかというと、いじめられる側ではないです。自殺に関連するニュースにも関心がない。自殺に関して、あえて言えば、最後に読んでいた石田衣良《いしだいら》の著作『4TEEN』に死が描かれているぐらい。自殺は信じられない。当時は、(映画の)『バトル・ロワイアル』が流行っていたので、学校側は『悪い影響を受けたのではないか』と言っていました」

その後、指導された部屋の机のなかにあった遺書を警察から見せられた。

「オレにかかわるいろんな人　いままでありがとう　ほんとにありがとう」「〇〇（筆者注…雄大の友だち）とりょうしん、他のともだちもごめん」と書いてあるだけで、特に自殺の理由は書かれていない。

遺書を読んだ直後の思いを、和美はこう述べている。

「読んでも納得できないため、解剖をお願いしました。結果は『事件性なし』でした。指導の最中だったということで。何があったのだろうか、と思いました」

事態の沈静化を重視する学校

学校側はすぐに動いた。自殺直後の夜中に「話をしたい」と電話があり、学校と長崎市教育委員会（市教委）の関係者が警察署に来た。担任は夫の前で土下座し、「申し訳ない」と謝罪した。「自殺するような弱い子じゃない」と夫は言った。翌日、夫と病院へ遺体を引きとりにいった。

葬儀には多くの人が訪れた。そのとき、ＰＴＡ会長から「報道をシャットアウトしておきました」と言われ、和美は「ありがとうございます」と答えた。「推測ですが、その時点で会長は学校を守る側のひとりだったんだろうなと思う。学校に問題あり、となってはいけないと思っていたのではないでしょうか」と和美は言う。

自殺直後から市教委と学校、ＰＴＡの三者で会議があった。緊急保護者会は葬儀の翌日、和美の知らないところで開催され、出席した保護者のひとりが夜遅くに訪ねてきた。その人から、保護者会で会長が「ここは事実をどうかと議論する場ではない。残された生徒が正常に過ごすために、どうケアをするのかが重要」と話したことを聞く。たしかにケアは大事だが、事実をあいまいにしてはならない。

学校側は自殺の翌日、記者会見を開いた。校長は「行きすぎた指導はなかった」と説明した。「お父さんは、『うちの子は弱かった』と言っている」とも発言した。実際には、父は「弱い子じゃない」と言っており、事実と逆の内容を校長は発信していたのである。

長男の卒業式が終わったところで、学校側に説明を求めた。雄大の自殺から一〇日が経っていた。雄大の自殺直前の指導は、担任との「一対一」のもの。よって、担任が話さなければ何もわからない。結局、学校から詳細は明らかされなかった。

「私が知りたいのは、生徒指導で何があったのか、でした」と和美は言う。雄大はサッカー部のレギュラー選手で、性格も明るい。友だちも多かった。一方で、シャツをズボンに入れていないとか、上履きのかかとを踏んでいるといった理由で、教師から注意を受けることはあった。雄大は和美に「自分ばかり怒られる」と言っていた。見せしめだったのだろうか。また指導前は、自殺を連想させるような言動はなく、親友らにもそうした兆候を見せていない。サッカーのシューズを買ってあげたばかりだった。

和美はマスコミの取材を受けた。「事実を知りたい」と、みずから報道機関にＦＡＸを流した。四月三日、調査するよう学校に要望書を出す際、最初から名前も顔も出した。

指導の方法は適切だったのか

和美がマスコミに出るようになると、市教委の対応が変わった。市教委の元で調査委員会（調査委）が設置されることになり、関係者への聞きとり調査もできるようになった。その結果、教師による体罰や授業中のいやがらせも明るみに出た。

市教委によると、「教諭自身の自己申告した体罰は五件」で、それ以外の体罰は「年度が過ぎている」ことを理由に認めなかった。担任はがっちりした体型で、生徒に体罰を加えることがよくあった。体罰を加える際には、ほかの生徒の見えない場所に体罰を加える対象の生徒を連れていき、その生徒に弁解すら許さず体罰を加えるといった手法をとっていたため、「担任から呼びだしを受けた場合には必ず体罰を受ける」ということは、男子生徒の共通認識となっていた。

また、授業中の私語など些細なことで生徒の胸ぐらをつかみ、そのまま黒板に押しつける激しい体罰を加えていたことから、生徒は担任に恐怖心を抱いていた。言うことを聞かない生徒には容赦のない体罰を加えることで、生徒を恐怖で支配しようとしていたのである。

ちなみに、和美の証言によると、雄大は中学一年のときにもその教師から指導を受けている。ほかの生徒の悪口を言ったとして指導されたのだ。このとき、雄大は弁明を許されていない。

事実無根だったために、腹いせに廊下の壁を蹴飛ばした際にも、その教師に胸ぐらをつかまれ、壁におさえつけられた。

自殺直前に指導がおこなわれた場所は、〝お仕置き部屋〟と言われていた。視聴覚機器を使う授業で使用する「多目的室」で、校舎の三階にある。二年生の教室は三階にもあり、普通の教室が四組まで並んでいる。そこから少し離れたところに指導部屋がある。

普段はあまり使われていない。運動場側も廊下側も窓ガラスには遮光性のアルミホイルが全面的に貼られていた。普段は施錠されており、鍵は教頭が管理していた。教師はいつでも使用することができる。この場所では、指導と称して体罰がおこなわれることがあった。また、指導がおこなわれるときは、「部屋の電気が消されていた」と証言する生徒もいたという。

自殺した当日の、雄大に対する指導のきっかけは、掃除中に男子トイレの洗面所前で、彼が道で見つけたライターで遊んでいたことだ。ライターを持っていたのでタバコを連想したのか、担任は雄大の喫煙を疑った。そして、なぜか見つかった場所の近くにあるトイレの掃除道具入れ（約九〇センチ四方）のなかに雄大とふたりで入った。のちに市を相手に提訴するが、判決が認定した事実よると、ふたりのあいだで次のような会話がなされていた。

担任「中学生がライターば持っとるっていうことは普通は考えられんことやけん。念のためにポケットに入っとるもんば見せてくれ」

雄大「はい」（左手に持っていたチューインガムを見せたが、右手に持っていた物を隠そうとした）
担任「右手に持っている物は？」
雄大（タバコの箱と口臭スプレーを見せる）
担任「本当に吸うとか」
雄大「はい。吸っています」
担任「今日買ったように見えないが」
雄大「一〇日ぐらい前に買った」
担任「放課後に詳しい話ば聞くけん、残っとくごと。よか？」
雄大「はい。わかりました」

担任は雄大からタバコ、ライター、チューインガム、口臭スプレーを預かり、清掃に取りかかるように告げた。

この〝指導〟のあと、雄大は友人に「やばかったら飛びおりるけん」「やばい、部停になる」「担任から殴られる」「遺書を書こうかな」などと話した。だが、友人は雄大が本気で自殺を考えているとは思っていなかった。

掃除終了後、担任は職員室に戻った。このとき、校長や教頭、生活指導、教務主任は会議のために外出していた。ほかの二年生の担任や学年主任も不在だったため、雄大の喫煙に関する報告をほかの教師にしていない。放課後、雄大はふたたび指導部屋に呼びだされる。

タバコを吸っているのならば、指導の対象になるのは自然なことだ。問題は、その指導方法が適切だったのかどうかだ、と和美が指摘する。

「指導は当然ですが、反省させて、二度と吸わないようにさせることが必要ではないでしょうか。しかし、『君だけが指導を受けるのは不公平だ』と言い、本来の喫煙指導はせず、ほかに吸っている人の名前をあげるように強要したんです」

所属している生徒が問題を起こした場合、一定期間、部の活動が停止させられる制度があった。そのため自分が所属するサッカー部が部活停止（部停）になることも雄大は心配していた。

この中学校だけでなく、当時、長崎市内の中学校では、部停制度があった。たとえば、サッカー部に所属している生徒が学校外で買い食いをすると、その行動が部活動と関連しているかどうかに関係なく、部活動を停止させる。「部停」とは、いわば連帯責任だ。停止期間中は、部活動ができないことに加え、早朝に体育館の雑巾《ぞうきん》がけをさせられるペナルティがある。さらに、「次に部停になると、試合の出場辞退だぞ」と担任におどされることもあった。

こうした部停の仕組みがあったために、タバコが見つかったことで、雄大には相当のプレッシャーがかかっていたに違いない。

そんななか、担任は黒板に「いつから・きっかけ（理由）・どこで・誰と」と書き、紙をわたして記載するように告げる。いったん職員室へ戻り、雄大の喫煙行為を確認したと学年主任に告げた。そして、これから喫煙指導をするとして、指導を総括してほしいと依頼してから指導部屋へ戻った。雄大は正直に記載した。時期は「一〇日くらい前から」、理由は「どんな感じか知ってみたかった」、ほかに吸っている人は「いないと思います」、場所については「近くの公園」と書いた。

担任「お前だけが注意を受けるとしたら不公平やん。ほかに吸いよることを知っている者はおらんとか？」

雄大「ほかに一緒に吸っている人はいないが、自分が吸っていることを知っている者は、ほかにもいる」

雄大は、自分が喫煙していたことを知っている生徒の名前を答えた。尋問はさらに続く。

担任「喫煙のこと両親は知っているのか。両親が知ったらどう思うだろうか」
雄大「怒られると思います。悲しい気持ちになると思います」
担任「自分でお母さんに言うのは大変だろうから、一緒に行って話をするから。今日はもう部活に行かんでこのまま帰ろう。部活のことは明日にでも、顧問の先生のところに行って話せばよかけん」

このやりとりの最中、雄大は泣いた。友だちの名前を言うときには、「声が出せないほど泣いていた」という証言もある。

その後、家庭訪問の準備で担任がその場を離れた。このとき雄大は、遺書を書いたのだと思われる。「指導死」では、その場で児童・生徒をひとりにすることが共通の傾向だ。担任と入れかわりでやってきた学年主任に「トイレに行きたい」と告げ、雄大は指導部屋を出た。そして、トイレとは逆方向へ進み、校舎の四階に行き、飛びおりた。担任は、ほかの生徒の名前を答えたことを「密告と取るのか、よく言ってくれたと取るのか。自分は、よく言ってくれたと取るので、雄大の（筆者注…自殺するほどの）気持ちはわからない」と言っていたという。

長崎県教育委員会や文科省に対して、市教委は雄大の死を「自殺」ではなく「事故」と報告した。したがって、この事例は文科省統計の「自殺」の項目には反映されていない。〇四年の段階では、指導死、すなわち教師の指導が元で生徒が自殺するような事例は、教育の表舞台で問題視されるようなものではなかったのであった。

指導死は認められない

その後、指導の結果、子どもが自殺をすることがあることを知ってほしいと考えた和美は、「全国学校事故・事件を語る会」と連絡をとり、不適切な指導後に自殺をした子どもの遺族とつながることになる。

和美ら遺族は、長崎市を相手に提訴をした。意見書は長男が書いた。妹は小学生だったが、傍聴席にも来た。和美は裁判を「家族みんなの闘い」と位置づけていた。

「裁判をしたときから、勝てないと言われていました。でも目的は、指導による子どもの自殺を知ってほしいということ。世論の賛同を得られる運動をしたいと思いました。そこに意味があるのです」(和美)

〇八年六月三〇日、和美らは長崎地裁(小山恵一郎《こやまけいいちろう》裁判長)で敗訴した。判決では、雄大の自殺の原因について、「指導以前に自殺を考えるような別の事情があったとは到底認められない。加えて、雄大が遺書を残し、そのなかで友人や両親に対する謝罪の気持ちを示していることからも、雄大が担任の指導を重く受けとめていたことは明らかであり、担任の指導がなければ雄大が自殺することはなかったことは明らかである」として、指導がなければ自殺していないと認めた。

くわえて、「担任に喫煙の事実を知られたこのとき、すでに雄大が自殺を決意していたことまでは認めることはできない」としつつも、「友人の名前を出したことによる重い自責の念を生じさせることになったと推察され、教育現場における喫煙指導として事実確認の一面に偏った指導であ」るとした。部停をみずからまねきそうになったことは「堪え難い苦痛であったと推察」され、家庭訪問を口にしたことにも「強い自責の念を起こさせ、精神的に追いつめる結果となった」などと判決は示した。

しかし、損害賠償の対象になるためには、「指導が不適切かつ違法であること」や「自殺に対する予見可能性」、「安全配慮義務」が証明されなければならない。判決では、長崎市作成の「学校危機管理マニュアル」が、雄大の自殺後に「追い詰められ心の逃げ場をなくすような指導にはならないように配慮する」「児童生徒が一人になる状況を作らない」などと改訂されたことを示しながら、改定前のマニュアルが「教育的配慮を欠いていた」ことが指摘された。

一方で、「掃除道具入れでの指導は不相当とまでは断じることができない」ことや、指導部屋での指導は「最善の選択であったということはできない」が「不適切だったとは言えない」などとして、「法的な配慮義務に違反しているとまでは言えない」と、学校を設置した側である長崎市の賠償責任は認めなかった。

つまり判決では、事実的因果関係は認めつつも、指導の違法性や予見可能性を否定したことになる。当時の学校関連の裁判では、事実的因果関係が認められたことだけでも画期的だとされた。

「雄大はタバコ自体への罪悪感もあったはずです。それが見つかって、どうしようかと思っていたのではないでしょうか。そして、指導したのは暴力を振るう教師です。しかも場所が、あんな指導部屋です。緊張感があったはずです。部停も気にしていると思います。一つひとつは違法ではないかもしれないけれど、もっと子どものことを配慮した指導ができたはず」

こう述べる和美には、判決が不服だった。控訴も考えた。だが、学校を相手にする裁判は、むずかしい。弁護士が見つからない。

「控訴したかったんですが、『この裁判長だから、事実的因果関係が認められた。高裁ではむずかしい』と言われるなど、引きうける弁護士がいませんでした」（和美）

その後、みずからの経験を生かすため、〇八年九月、前述の大貫らと「『指導死』親の会」を作り、和美は共同代表となった。地元では、裁判で知りあった人たちと「子どもの権利を守る長崎の会」を設立し、代表となっている。一四年には「学校事件・事故を語る会 九州」も設立し、子どもや親の悩みを聞いたり、学校事件・事故に関する裁判の傍聴を呼びかけている。

「自分が学校事件の自助グループに救われたように、そうした場を九州でも作れればという思いで会を設立し、いまに至っています」（和美）

〇四年の三月、雄大の友人ら生徒が教室に彼のための机を置いた。教師は反対をした。しかし、友人らが署名活動をして、認めさせたのであった。机はその後、一年間、卒業するはずだったクラスの教室に置かれることになった。テーブルクロスを敷き、花が飾られた。

卒業式には、雄大も〝卒業証書〟をもらうことができた。机の件でもめたこともあり、「校長名では出したくない」と友人らは言い、「卒業生一同」と記し、手作りの卒業証書を雄大の両親に手わたした。

3　部活指導での「面前DV」——愛知・高校二年の指導死

リュックを忘れて

二〇一一年六月九日、愛知県立刈谷《かりや》工業高校の二年生で、野球部に所属する恭平《きょうへい》（享年一六）が安城《あんじょう》市内の廃車置場で自殺した。

母親の優美子《ゆみこ》は当時、東日本大震災の被災者を受けいれるボランティアをしていた。恭平の死亡推定時刻には、県庁で被災者支援センター立ちあげの準備をしていた。

その朝、普段は野球部員が持つカバンに授業で使うものをすべて入れている恭平が、リュックを背負って家を出た。それを見た兄は、「あれ？」と思った。

「弁当箱が玄関に置かれていた。忘れたのかな。以前、購買部のパンを買ってお昼を食べたことがあり、『意外とおいしかった』と言っていたので、パンを買うだろうと思ったんですが、いまから考えれば追いかければよかった」（優美子）

「恭平くんは休みですか？」と学校から家族に電話があった。前日も休んでいたことから「この日も途中で家に引きかえしたのかな」と考えた。「お昼、食べた？」と携帯電話にメールを出したが、返事はない。

一八時ごろ、優美子が帰宅した。恭平の自転車も靴もない。部屋に入ってみると、「普通じゃない」と感じた。ベッドが整頓され、そのうえに携帯電話が置かれていた。部屋の片隅で練炭《れんたん》の空き箱を見つけた。この日、恭平は帰宅しなかった。

翌日、自転車が発見されたと連絡があった。その近くの廃車置場の周囲を探すと、廃車のなかで恭平は冷たくなっていた。死因は一酸化炭素中毒。死亡推定時刻は九日の一六時ごろだった。妹は当時、小学六年生。学校から帰宅すると、警察が家に来ていた。「恭平、死んじゃった」と母親に言われたが、「そうなんだ」としか言えなかった。遺体を見て、「もう話せないんだ」と思ったのだという。

優美子は、まず何があったのかを知りたいと思った。あらためて振りかえる。そもそも恭平はどんな子どもだったのだろうか。

野球をはじめたのは小学一年生のとき。二歳年上の兄が少年団の野球チームに体験入団。兄は「入らない」と決め、一緒に行った恭平は「やりたい」と言った。少年団の監督は「一年生でも大丈夫」と許可をした。以来、六年生まで続けた。

しかし、恭平は六年生の途中で少年団を辞めた。担当となった新しいコーチは、怒鳴ってばかりいた。恭平は怒鳴られていないが、ほかの子どもたちが怒鳴られているのを見るのがつらいと母親に言い、行かなくなった。

「友だちが少年団に『戻ろう』と家まで呼びにきてくれたのですが、頑《がん》として戻りませんでした」（優美子）

少年団の野球は辞めたが、野球は好きだった恭平。中学校で野球部に入った。顧問は厳しかったが、充実しており、辞めずにいた。一〇年四月には刈谷工業高校に入学し、野球部に入った。

そんな恭平が、なぜ自殺したのか。

虚偽の報告書

優美子は一一年七月、インターネットを使って「高校生　自殺」のキーワードで検索した。「全国学校事故・事件を語る会」（「語る会」）につながった（二三五頁を参照）。一一年六月一日に文科省から「児童生徒の自殺が起きたときの背景調査の在り方について（通知）」が出されていることを知り、学校側と交渉した。「通知」では、背景調査についてこう書かれている。

万が一自殺等事案が起きたときは、学校又は教育委員会は、速やかに遺族と連絡を取り、できる限り遺族の要望・意見を聴取するとともに、その後の学校の対応方針等について説明をすることが重要であること。また、当該児童生徒が置かれていた状況について、できる限り全ての教員から迅速に聴き取り調査を行うとともに、当該児童生徒と関わりの深い在校生からも迅速に、かつ、慎重に聴き取り調査を行う必要があること。なお、在校生からの聴き取り調査については、遺族の要望や心情、当該在校生の心情、聴き取り調査について他の在校生等に知られないようにする必要性等に配慮し、場所、方法等を工夫し、必要に応じ後日の実施とすることも検討することが重要であること。

初期調査について遺族が学校に確認したところ、「県教委がやれと言っていないのでアンケートをやりません」と言われた。だが、遺族の知らぬ間に、ヒアリングもしないまま、学校は愛知県教育委員会（県教委）に虚偽の「事故報告書」を提出していた。不審感を抱いた遺族は、文科省の「通知」を理由に再度、県教委に初期調査を求めた。しかし、初期調査をする動きはない。「語る会」の世話人に相談すると、「文科省に要望書を書いたほうがいい」と助言された。「それまで要望書なんか書いたこともなく、最初の一行目から何を書いたらよいのかわからなかった。『言いたいことは書けば伝わる』と言われたが、これが一番のハードルでした」（優美子）

優美子が手紙を出したのは一一年九月。「初期調査は、うちのようなケースは対象にならないのか」と質問する内容だった。三日ほどで文科省から電話があった。「読んでくれるんだ」とびっくりした。

文科省からの指導・助言があったからか、県教委の下で調査委員会（調査委）が設置されることになった。だが、調査委は非公開とされた。つまり、調査委員は匿名で名乗らない。会合で、目の前にいる委員が名前や職業を名乗らないことに優美子は失望した。協議の末、調査委員たちは「弁護士です」「精神科医です」などと職業だけを名乗った。調査委員は生徒たちの聞きとりをしないうえ、遺族にも調査委員からの質問に答える以外の発言が許されないと言われた。そのため、調査委の継続を拒否した。

自殺までの足取り

一三年四月に県知事の下で、あらためて調査委が設置された。調査を担当するのは、「県立刈谷工業高校生自殺事案に関する第三者調査委員会」（第三者委）である。第三者委は、遺族のほか、学校関係者、教育委員会関係者から聞きとりをおこなった。ただし、聞きとりに応じたのは、当時の同級生四人と、八〇人が所属する野球部員のなかのひとりだけであった。

この調査によって、二軍監督でもある副部長からの体罰や暴言が、野球部では常態化していたことが明らかになった。恭平に対しては、暴言はあったが体罰はないとされた。だが、彼は体罰を目撃していた。

一一年三月ごろ、副部長の体罰ついて「あんなに人を殴って、楽しいのかな？」と優美子に話すことがあった。その後、恭平は野球部を辞めようとした。同年四月のことだ。総監督に「野球部を辞めたい」と退部を申しでた。しかし、総監督は理由も聞かず「逃げているだけ」と言い、追いかえした。恭平は「もうあきらめた。だまって野球やるわ」と優美子に言った。

テスト期間中の五月一九日、五人の部員が部室の横でトランプをしていた。このことを知った副部長は、五月二一日の練習試合の合間に二年生の部員を集めてミーティングをした。このとき、五人のうち四人に対して平手打ちを一度ずつ、一人に対しては平手打ちをしてぐらついたあと、太ももに蹴りを入れた。これは体罰である。残りの一人に対しては、二日後の二三日に体育館の裏で平手打ちをしている。

恭平は二一日の体罰を目撃した。帰宅後、「いやなものを見た。すごくかわいそうだった」と優美子に伝えた。そして体罰を目撃したその日から、野球部の練習に行かなくなった。

五月二六日は、中間試験の結果が発表される日だったが、発熱で学校を休んだ。死後にわかることだが、このとき恭平はみずから精神状態を心配していたのか、携帯電話で「うつ病診断」というサイトにアクセスしていた。その結果は、「重いうつ病にかかっている危険性があります。病院で一度検査を受けることをおすすめします」というものだった。

じつは、その前日の部活に出た恭平は、練習中にエラーをして、副部長に「ユニフォームを脱げ！　消えろ！」と怒鳴られた（当時の部員が、副部長の発言を証言している。だが、「消えろ」と言ったことを副部長は認めていない）。

五月三〇日には友人に「火鉢《ひばち》を買った」とメールしている。

六月五日。ホームセンターで練炭八個入りの段ボール一箱を購入している。同じ日、練習試合があったが、副部長は恭平がいないことで、ずっと練習に来てないことを知った。

六月七日、副部長がキャプテンを通じ、明日面談に来るようにと恭平を呼びだした。そのとき恭平は、友人にこんなメールを出した。

とりあえず、ビンタ、タイキック、グーパンチ覚悟。そして、第一声はどういうつもりだ?!!…予想

えー…、まあ覚悟はしておきます。顔面腫れ上がってても気に為さらないでください。(笑)

面談の当日、恭平は学校を欠席。そして六月九日、ふたたび学校を欠席し、一六時ごろに廃車置場で自殺をはかった。

面前DVとは

児童虐待のカテゴリーに「面前DV」という概念がある。直接暴力を受けていないが、暴力を目の当たりにさせられることによって心理的に傷つけられるものだ。恭平が副部長によって「面前DV」の状況に置かれていた可能性はある。

一四年二月、第三者委によって調査報告書が出された。恭平の自殺は、「健康上の問題」「野球部の雰囲気」「学業成績に関する親からの期待に関するプレッシャー」の三つが葛藤をもたらした結果だとした。

優美子は自殺発生の直後に、部員たちから話を聞いた。それが唯一の、教師による暴力の証拠だった。一方、第三者委は、部員たちから優美子が聞きとった内容を採用しないと、当初から明言していた。自分たちが聞きとったものだけを元に、報告書を作ったのであった。

「あいまいな内容で、具体的な内容はぼかしている。本人の心の変遷には触れていない。どれだけの暴力があったのかも書かれていない」と優美子は憤る。

その後、独立行政法人日本スポーツ振興センターの災害共済給付（死亡見舞金）を申請する。同センターではこれまで、小学生から中学生までの自殺と高校生の自殺の評価が異なっていた。高校生の自殺の場合、基本的には「故意による死亡」と判断されてしまい、死亡見舞金の対象外となってきた。優美子は「恭平の死は学校生活に起因する死」と認めてほしかった。

当初は給付対象外と判断されたが、優美子は第三者委に採用されなかった部員たちの証言を添え、不服審査請求をした。すると、一六年三月、高校生の自殺としては異例だが、「学校の管理下において発生した事件に起因する死亡」と判断された。これを契機に、高校生が「心理的な負担によって故意に死亡したとき等」でも給付の対象となるようになった。

同センターが「自殺の原因が学校生活に起因する」と判断したことの意味は大きい。学校との直接的な利害関係のない第三者が、客観的に判断したのだから。しかも、恭平の自殺を調査していた第三者委では採用されなかった野球部員の証言が認められたうえでの判断だ。第三者委の報告が法的な拘束力を持たない一方で、同センターの判断は法的に位置づけられる点も見逃せない。

さらに優美子は、愛知県弁護士会（県弁護士会）に対して「人権救済申し立て」をおこなった。一八年六月、県弁護士会が調査結果を報告した。まず、「（一連の）暴力行為は、教育指導の名目があったにせよ、正当化できるものではなく、体罰である。同時に、暴行罪（刑法二〇八条）に該当する犯罪行為であり、人権侵害」とした。そのうえで、「体罰は、体罰を受けた生徒だけでなく、体罰を見せられた生徒に対しても、同じようなことがあれば暴力を振るわれるという恐怖心をいだかせ、みせしめの効果が生じる。つまり、生徒は、あらゆる形態の身体的若しくは精神的な暴力から保護されなければならない（子どもの権利条約第一九条）ところ、体罰を見せられた生徒に対しても、体罰を受けた生徒と同様、心身に深刻な悪影響を与える」として、体罰を見せられる行為は事実上、面前DVと同じであると指摘した。

くわえて、「副部長が野球部員を集めたミーティングで、すなわち逃げ出すことができない状況で、副部長の体罰を目の当たりに見せつけられ、その不快感を母親に伝え、副部長の呼びだしに副部長からの暴力を受けることを恐れる心理状況になった」と認め、副部長による一連の暴力に対して「警告」した。県弁護士会が「警告」を出すのは、一五年ぶりのことだった。

刈谷工業高校に対しては、生徒に対する教員の体罰など、不適切な指導の再発防止のために策定された具体的方策を教員に周知徹底することや、再発防止体制を維持し、定期的にこれを検証し、不適切な指導を未然に防ぐことを県弁護士会は「要望」した。

恭平の死後におこなわれた調査についても、県弁護士会は言及している。一一年八月三日には、教頭が部員に対して、体罰についてのアンケートと面接調査をおこなっているが、問題はその際に教頭が「確実な日時があるものを特にあげてくれた」と言っていたことだ。回答のハードルを高くしたのである。

部員たちの証言では、この面接調査の際、教頭が「みんなに迷惑がかかるから」と言っていた。部員は、「だから全部を言えなかった」と話したという。つまり、学校がおこなった調査は、学校の都合のよいものになっていたのであった。

県弁護士会が認定した内容について、優美子はこう述べている。

「当該教員あての警告書には、教員による一連の行為は明らかに犯罪行為とありました。これだけ書いてもらえれば、十分です。ただ、あの先生だけの勢いで突っ走ったわけではありません。野球部の保護者たちの体罰容認の空気もありました。指導者として、何が何でも勝たせないといけないと思い、何をしてもいいと容認されるような感じだったのでしょう」

この経験をふまえ優美子は、学校にかよっていた子どもを亡くした東海地方の遺族と「学校事故事件遺族連絡会」を作った。

けっして教員だけが悪いとは思っていない。ほかに選択肢がないような状況があったのかもしれない。それでも、生徒を死に追いこむような学校の指導は許されない。息子の死を教訓にして、学校には同じことを繰りかえしてほしくない。

優美子のそんな思いが、取材者の私にひしひしと伝わってきた。

4 思いこみの指導は正当か?——北海道・高校一年の指導死

二〇一三年三月三日、北海道立高校の一年生、悠太《ゆうた》(享年一六)が札幌市営地下鉄の電車にはねられ死亡した。

所属していた吹奏楽部の顧問による不適切な指導を苦にした自殺ではないかと、母親は北海道を訴えている。一審の札幌地裁(高木勝巳《たかぎかつみ》裁判長)では、学校の事後対応をめぐって、生徒へのアンケートの原本を教頭が破棄したことが違法だと認められた。一方で教師の指導については、不適切とは認められなかった。母親は弁護団を立てなおして札幌高裁(長谷川恭弘《はせがわやすひろ》裁判長)に控訴した。

訴状などによると、一三年一月に、ほかの部員とのあいだで悠太はメールをめぐるトラブルを起こした。お互いが言いすぎたものだったが、個別指導を受けたのは悠太のみで、トラブルの相手だった部員Aは個別指導を受けなかった。また、部内で別の問題が起き、三月二日にふたたび悠太が指導された。翌日、悠太は学校に一度は行くが、部活の練習には参加せず、地下鉄の駅で自殺した。

この裁判では、吹奏楽部の顧問、生徒指導部長、教頭（いずれも当時）、北海道教育委員会（道教委）の指導主事、悠太の同級生、そして原告である悠太の母親が証言した。

訴訟で明らかになった事実関係を整理しておこう。

メールをめぐるトラブル

一三年一月二六日。三年生が引退し、一・二年生の体制になってはじめての演奏会がおこなわれた。部活を続けるかどうか悩んでいたため、休みがちになっていた悠太は演奏会を欠席した。母親によると「自分がいない演奏を聴いて、復帰するかどうか、自分の気持ちを確かめたい」と客席で演奏を聞いたという。演奏会のあと、悠太は同級生の何人かに、「演奏レベルは納得いくものじゃないけど、これからいいレベルの演奏を目指してがんばっていけたらいい」という趣旨の感想をメールで送った。

この感想メールをきっかけに、トラブルが起きる。指導の対象になったのは、それ以降のメールのやりとりであった。一月二七日、悠太が送ったメールへの、同級生部員Aの返信には、悠太が部活を欠席している状況を非難したうえで、「邪魔だから消えるんだったらとっとと消えろ」と書かれてあった。悠太は、Aに対する反撃ともとれる内容を返信し、個人情報を流出させたと思った女子部員について、「明日殺す」と書いたメールをほかの部員に出したという。

指導がおこなわれたこととの根拠とされているメールだが、法廷に提出されたものには発信元や日時の表示はない。また、被告となっている北海道側がこのメールの出所についてははっきりさせていない。悠太からのメールは、部活の一年生部員のLINEグループに貼りつけられたもので、メッセージの送信時に省略や改変の可能性はゼロではない。一方、悠太は携帯電話を使っていたこともあり、そのLINEグループには参加していない。

こうしたメールのやりとりについて、当初の認識として、悠太の感想メールを「上から目線とも取れる言い方」としていたが、生徒指導部長は「売り言葉に買い言葉」と思ったと証言している。にもかかわらず、「消えろ」と書いたAは指導せず、「殺す」という言葉を書いた悠太だけが「命を脅かし、不安にさせる」として、顧問らに個別指導された。

なおかつ、一月三一日、顧問は悠太抜きの部内のミーティングを開き、そこで悠太を部活に残すかどうかを話しあっていた。事実確認や学校としての指導を決める前のことだ。悠太を事実上、問題児として扱うことで集団内の士気を高めることになる。

二月一日、悠太と母親は学校に呼びだされて、指導された。校長室には、教頭二人、生徒指導の教師、担任、学年主任の教師がいた。ひとりの教頭と生徒指導の教師から呼びだしの説明を受けた。このとき、指導の根拠となった一連のメールのやりとりは示されていない。退学処分にはしないということと、反省文を書くことが告げられた。

その後、顧問と副顧問の教師と面談することになる。このとき、なぜ「殺す」とまで書く必要があったのか、という背景を教師たちは聞いていない。にもかかわらず、このメールのやりとりについて、顧問から「吹奏楽部の功績に泥を塗った」と大声で怒られたという。

顧問は悠太に「部活を続けたいか？」と聞いた。悠太は「残りたい」と答えた。すると、顧問は条件を出した。第一は、みんなの前で謝罪すること。第二は、連絡網のメール以外はほかの部員と連絡を取ってはいけないというものだった。吹奏楽部は、放課後だけでなく、始業前や昼休みも練習時間だ。よって、一日の大半が部員同士のコミュニケーションで占められる。期限なしのメール制限となれば、孤立感を助長しかねない。

悠太の姉は、こうした経緯を本人から聞かされた。「Aも学校もおかしくない？　もう部活、辞めちゃえば？」と言ったが、悠太は「自分が言いすぎたのは確か。辞めさせられなくて本当によかった」と話していたという。

一方、メールの相手側の親は呼びだされていない。そして、母親が呼びだされた翌日には、悠太だけが部員の前で「決意宣言」と称する謝罪をさせられている。顧問はこのときの謝罪について、法廷でこう話した。

「二月二日の決意宣言は、私が言わせた。お前が人一倍、がんばって練習して、その姿を見てもらい、信頼回復していくしかないんだよと言いました」

その後、悠太は四〇〇字詰め原稿用紙で一五枚の反省文を書き、二月四日に学校へ提出した。

悠太は、メールでもめたA、さらに同級生部員のBと、仲直りをしようとした。同級生部員のなかでは、男子部員が三人だけだったからだ。関係を修復する第一歩として、隠し事をしないことを約束しあった。そして、この約束が元となり、悠太は第二の指導を受ける。

部内恋愛の告白

吹奏楽部では、一〇〇以上の部内ルールがあった。そのなかのひとつは、部員同士の恋愛禁止である。だが、隠し事をしない約束をしたため、悠太は部内恋愛をしていることをAとBに告白した。秘密を告白することで距離が近くなると思っていたようだ。

しかし、AとBはそのことを顧問に報告してしまう。顧問は、その内容が確かかどうか、部長を含めた部員たちに確認した。ただし、禁止されていた部内恋愛だったため、悠太も相手の女子部員も見えるところでは恋人のような振るまいをせず、関係を隠していた。結果として事実を確認できないまま、「部内恋愛は嘘」「悠太は嘘を吹聴《ふいちょう》した」と顧問が勝手に決めつけ、二回目の指導となった。

「部内の男女交際は部のルールで禁止しておりましたんで、まさかそんなことがあるんだろうか、って、このことはちょっと疑問に思いました」（証人尋問での顧問の証言）

メールの件での指導は、学校が組織として対応したものだった。だが、今回の部内恋愛に関する指導には、生徒指導部は関与していない。二年生の部員四人を引きつれた顧問が、音楽準備室で悠太を指導した。指導する側五人に対して、指導される側はひとりである。

「その四名の生徒については、（前回指導の）二月二日以降の悠太さんの取りくみを見てました。それから、その発言の内容についても知っていました。そして、この四名の生徒は部のなかでの主要なメンバーでありますので、主要な役割を果たしていたということから出席させることにしました」（同前）

しかし、具体的な事実確認をしたうえでの指導はおこなわれなかった。だから、悠太は顧問らに何を言われたのかを理解していない。学校側が開示した資料「事故前日の指導について」などにもとづいて、当時の状況を再現してみよう。

音楽準備室に行くと、顧問から「なんのことだか、わかるよな」と言われた。悠太は理解できなかったが、「わからない」と言えばさらに怒られると思い、「はい」と言ってしまった。すると顧問は、「お前のやっていることは名誉毀損で犯罪だ。俺の娘に同じことをしたら、お前の家に殴りこみに行く。警察にも訴える」などと言った。悠太は呼ばれた理由を聞けないまま、「今後、部活を続けたいのか」と聞かれ、とっさに「続けたい」と答えた。

顧問は、部活を続ける条件として、「もう誰とも連絡を取るな。しゃべるな。行事にも参加しなくていい。お前は与えられた仕事だけしていればいい。それ以外の条件は、明日、先輩たちが言うから、今日はもう帰っていい」と言った、という。この条件は、中学から吹奏楽を続けてきて、部活を居場所にしてきた悠太にとっては、苦痛以外のなにものでもなかったであろう。

翌日、悠太は部活に出るため、吹雪のなか学校へ向かう。職員室前で目撃されているが、なぜか部活に顔を出していない。亡くなる直前、悠太はBにメールを送信した。生前、最後のメールであり、事実上の遺書となっている。

昨日先生に言われました
俺が嘘をついて部員に迷惑かけてて
ネット中傷、名誉毀損などなど
色々言われた
正直に言う
全く心当たりがない
先生が何のことを言っているのか
サッパリ分からない

繰りかえすが、顧問の指導があいまいで、悠太にはどうして指導をされているのかが十分に伝わっていない。このメールをもらったBは、一八年八月の尋問で証言した。学校の同級生が裁判で証言するのは、たいへん珍しいことだ。

裁判で証言した同級生

Bは、なぜ証言しようと思ったのだろうか。トラブルの経緯も含め、私の取材にこう答えた。

「顧問も〝自分が悪い〟という自覚を持ち、学校側も（遺族に見せると言い、悠太の自殺後に取ったアンケートを）遺族にわたしていたら、関わらないでいいかな、と思っていたんです。でも、うやむや。裁判がこのまま収束するのはいやでした。俺が知っていることを話せて、真実に近づけるなら、それがいい。俺の視点ですが、（学校や顧問の）対応はまちがっている」

吹奏楽部の部内ルールは、絶対に守らなければならないものだったのか？

「絶対です。ちゃんとまじめに守らないといけない。そう思っていました」

悠太との関係で気になることがあったのか？

「悠太くんからは『顧問はぜんぜんわかってくれない』という愚痴を聞いていました。でも、『音楽が好きだから吹奏楽部を続けている』と。顧問は、嫌いな人を辞めさせるような指導は（直接的には）していないですが、〝こういう生徒にしよう〟というものがあった。更生というのか、洗脳というのか……」

さて、悠太が一回目に指導されたのは、メールのトラブルであった。悠太のメールに、同級生部員が怖さを感じたとBは言う。AとのメールのやりとりがLINEに貼りつけられ、同級生部員が読んだからだ。文字だけのメールは、前後の流れがないと、真意は伝わらない。

では、悠太のメールは、トラブルになるような内容だったのか？

「悠太くんは全員にメールを送ったんです。細かくは読んでいないのですが、〝今後もがんばっていこう〟とあった。俺は素直に〝ありがとう〟と思ったんです。しかし、細かな表現についてAはイライラしていました。そして、Aが悠太くんからのメールをLINEに貼りつけました。さらに、Aが悠太くんに送ろうとしたメールを貼りつけた。感情的になっていたんだなと思います」

ちなみに、Aはどんな返信をしようとしたのか。Bは尋問で「『もう来るな』『死ね』といった暴言もかなり入っていた。周囲から『さすがにやめたほうがいい』という声が上がった。AはLINEのなかで、悠太には『送らなかった』と言っていた」と証言している。

吹奏楽部の一年生のあいだでこうしたメールをめぐるトラブルが起きたのだが、なぜか学校から指導されたのは悠太だけだった。ただし、顧問や生徒指導部長は、そのやりとりを十分に把握していないことが証人尋問で明らかになった。生徒指導部長は、演奏会の際に悠太が送った感想メールを見ていないという。くわえて、北海道側が法廷に提出した「LINEグループに貼りつけられたメールのやりとり」も、誰がいつ誰あてに送ったものかがはっきりしていない。状況がこれほどあいまいななか、どうして指導などできるというのだろうか。また、本当に悠太だけが個別に指導されたのかをBにたずねた。

「顧問は一年生全員を怒った。このことで一年生部員のLINEのグループは消滅しました。その後のムードは地獄でした。ほかの学年の先輩だってグループでLINEをしていたのに、顧問には『やっていません』と言っていた。なんで俺らだけ怒られるんだろう」

顧問は、一年生部員全体に対して、LINEをしていたことを怒った。部内ルールで部員間のSNSが禁止されていたからだ。悠太は、個別に呼びだされている。一方で、トラブルの相手Aには個別の呼びだしがない。

悠太が二回目に指導されたのは、部内恋愛の問題であった。悠太はAとBに秘密を打ちあけたが、ふたりはそのことを顧問に伝える。なぜそのような行動を取ったのか？

「当時は変にまじめな性格で、問題を起こしたくない心理でした。自分たちの代は何をしても怒られてしまう。だから怒られないようにしようと。そのためには自分の知っていることを全部言わないといけない。悠太くんがそれで怒られると思っていませんでした。隠すことが何よりもまずいと思っていたんです」

悠太は自殺する前日、Bの家に行った。だが、会えなかった。顧問は、一回目の指導のときに、同級生部員に対して悠太と連絡を取ることを禁じた。自殺する直前に、「悠太が家に来たら会ってもいいのでしょうか？」とBは顧問に聞いている。顧問は「訪問に来ても、居留守を使え。連絡が来ても応じるな。関わったら危険な目に遭う。一切、関わるな」と答えたという。悠太はさらに孤立していく。

「友だちは大事にしないといけないのに、（亡くなる）前日に応じることができませんでした。（自殺したと）聞いたときは、〝昨日、会わなかったせいだ〟と思いました。後悔しかありません」

顧問の証人尋問を聞いて、どう思ったのか？

「顧問は、（亡くなった悠太のことを）どうでもいいんだな、と感じた。顧問のなかでは、〝あいつが勝手にやったことだ〟〝関係ない〟って思っているのでしょう」

悠太が亡くなった直後、Bは遺族に会いに行こうとした。しかし、〝遺族の意向〟を理由に学校側に止められた。遺族はBに会いたがっていたにもかかわらず……。遺族と会えたのは卒業後で、悠太の死後二年が経っていた。

アンケートの原本が破棄される

裁判で遺族が問題にしたのは、悠太に対する〝指導〟だけではない。自殺後の対応への問題も指摘している。

学校は、吹奏楽部の部員や全生徒にアンケートを取った。そして、その内容は遺族に見せるという話になっていた。だが、遺族はアンケートを見ていない。くわえて、学校はアンケートの原本を破棄してしまっていたのだ。

まず学校は、悠太が自殺した翌日の一三年三月四日に部員向けのアンケートをおこなった。このアンケートに関与した教頭は、職員会議で情報が共有されたかどうかについて、「記憶にない」と尋問で証言した。アンケートは「亡くなった原因やきっかけを確認するため」におこなったが、道教委の助言も受けず、遺族にも知らせていない。

そして、三月一一日には道教委の助言があったうえで、全生徒向けのアンケートが実施された。校長は、教頭と遺族宅を訪れ、説明し、承諾を取った。そのアンケートは、生徒指導を担当する教師に指示し、原本から別の用紙に転記させた。転記の理由について教頭は、「内容を精査する必要があった」「複数で確認する必要があった」と証言した。

三月一五日に校長らが遺族宅に弔問した。このとき校長は、「アンケートは現在確認中なので、来週の二一日か二二日にお見せできるように対応しています」と話している。だが、実際にはそれらの日に遺族には見せてはいない。

三月二四日にも、教頭らは遺族宅を訪問した。その際、アンケートの原本を持参した。しかし、アンケートを遺族に見せていないし、そもそも持ってきたことも告げていない。アンケートの原本は六〇〇枚ほどあり、「紙袋に入れて持っていった」と教頭は法廷で証言している。遺族の前で読みあげたのは、原本ではなく転記の内容であった。この点について教頭は、「実際にアンケートを答えていたのは二〇～三〇人」「個人名が書いてあるために、原本を見せる考えはありませんでした」と尋問で述べている。

読みあげたアンケートについて、教頭は遺族に「いただけるのか?」と聞かれた。だが、教頭は「ここで答えることはできない。検討します」と回答した。四月三日になると、道教委の指導主事から教頭に「資料(筆者注…転記したもの)を置いてくるのは避けたほうがいい」との指示があった。アンケート原本も転記した資料も遺族の手にわたることはなかった。

極めつけは、悠太の自殺から一年ほど経過した一四年三月二七日に、教頭がアンケート原本をシュレッダーで破棄していることだ。道教委には無断であったとするが、もうひとりの教頭と相談のうえで破棄したとのこと。アンケートは公文書であり、五年間は保存しなければならない。破棄について教頭は、「私が勝手に判断した」と法廷で述べた。

ところで、道教委はどこまで何を学校に指示していたのだろうか。一八年一二月二一日には、道教委石狩教育局の生徒指導担当だった指導主事（当時）が証言台に立った。

生徒が自殺した際の学校の対処には、文科省により定められた指針がある。同省が作成した「子どもの自殺が起きたときの緊急対応の手引き」（一〇年三月に作成）と「子供の自殺が起きたときの背景調査の指針」（一一年六月に作成。一四年七月に改定）がそれである。指導主事によれば、悠太が自殺した際には、それらを踏まえて対応したという。

裁判資料によると、悠太が自殺した日（一三年三月三日）から指導主事は、学校と密に連絡を取り、具体的な指示を出していた。たとえば、同日一五時三五分に教頭が指導主事に電話し、一六時二分には指導主事が学校に折りかえしている。さらに、二一時四五分にも指導主事が教頭に電話をかけ、話をしている。

このとき、指導主事が学校に対して指示した内容は以下の九つだったという。

1　警察から詳細な情報を取得
2　報道機関の問い合わせには窓口を一つに
3　保護者の意向を確認
4　保護者に連絡
5　地下鉄の駅にいた理由を確認
6　本日学校に来ていたのかを確認
7　顧問から体罰があったのかを確認
8　いじめがあったかを確認
9　経過を時系列で整理

しかし学校の対応は、指導主事の指示に応えたとはいえないものだった。報道への対応は窓口を一本化しておこなったが、まちがった情報を発信している。「北海道新聞」の一三年三月四日付には、悠太の自殺に関する記事が掲載されている。そして、同記事には学校側が提供した情報として「部活動のために登校する予定だったが、欠席した」とある。くわえて、教頭の「男子生徒に関するいじめなどは確認されていない」というコメントが掲載された。

だが、これは事実に反する。悠太は当日、学校に行っているのだから。また、いじめに関する調査もしていない段階でコメントを出す教頭の姿勢は、軽率だと言わざるをえない。指導主事は、この記事について「記憶はございません」と証言した。行政は通常、関連記事を収集する。この証言には違和感を抱く。

また、悠太の自殺に関連したアンケートを全生徒に対して学校がおこなった。アンケートの実施について指導主事は、「心身の状況を鑑みて、適切な時期にするように、と指示をしていた。（アンケートか、聞きとりか、その方法は）生徒の状況を理解している」と学校に一任しており、アンケートをおこなうタイミングや方法については、事前に把握していないとも述べた。

しかも、指導主事にはアンケートの原本が送られていない。ようは、道教委側の担当者でありながら、整理されたものを見ただけで、原本を読んでいないのであった。「教育局としては、学校がなんらかの意味があると思われる整理したもので十分と考えた。そのほかのものを送付するようには指示はしていない」とのことである。

学校は、生徒の自殺について、なるべく大ごとにしたくはない。したがって、学校側がアンケートを整理すれば、その結果にはなんらかの意図が働くと考えるのは自然なはずだ。ならば、整理の根拠となった原本を確認することにより、その「整理」は信用性を高めることになる。しかし、指導主事は、原本を確認しなかった。全生徒アンケートより前におこなわれた部員アンケートについても、指導主事は整理したもののみを受けとっていた。

法は教師の暴言をどう裁くのか

これまで見てきたとおり、悠太が自殺してからの学校や道教委の対応は、けっして十分だったとは言えない。だが、札幌地裁の判決は、原告側（遺族）の一部勝訴ではあったが、以下に示すとおり、ほぼ敗訴と言ってもいい内容だった。

原告側は、部内恋愛を友人ふたりに話したことについて、「本来、指導の必要すらない」発言であり、それを吹聴していると思いこんだ顧問が「反論の機会すら与えずに厳しく叱責し、ほかの部員に一切メールをしないことなどの苛烈な制裁を科した」ことは「典型的なパワーハラスメントであり、体罰等に該当する違法行為」であるとしていた。

判決はこの点について、部内恋愛の相手方である女子生徒にとっては、生徒AとBに話しただけでも脅威であり、第三者に拡散される可能性があるため、「指導の必要性は認め」た。

また、悠太の発言内容は、女子生徒のプライバシーや名誉を毀損する犯罪行為ともなり得るものとして、顧問の指導内容は必要なものであり、かつ悠太に「精神的苦痛を与えるものであったということはできない」などとして、原告側の主張を退けた。内緒話として友人に恋愛の話をすることが名誉毀損になるのか、私としては疑問だ。

悠太の自殺後におこなったアンケートの原本を教頭が破棄したことについては、「全校アンケートの回答原本の保管を継続していれば、たとえば、本件訴訟内において、その記載内容が転記されたものと同一であるか否かを確認するなどして、本件生徒の自殺に関する有益な情報を取得できた可能性があった」などとして、調査報告義務に違反するとした。

高木勝己《たかぎかつみ》裁判長は判決要旨を述べたあと、学校事件の民事訴訟では異例となる、以下のコメントを述べた。

「自死に至った悠太くんの苦悩、愛する家族を失った原告やお姉さんなど、遺族の悲しみは、裁判所としても、想像にあまりある。最後に、悠太くんのご冥福をお祈り申し上げて、判決としたい」

原告側は、判決を不服として札幌高裁に控訴した。

悠太の自殺に関しては、いまのところ顧問による事実にもとづかない〝不適切な指導〟の法的責任が認められたわけではない。しかし、顧問が「名誉毀損」「犯罪」という言葉を出して、悠太が精神的に追いつめられたのは、想像にかたくない。

ところで、殴る・蹴るといった具体的な暴力ではなく言葉による暴力（暴言）について、体罰もしくはそれに類する行為として違法性が問えるのであろうか。

二〇一二年末、大阪市立桜宮《さくらのみや》高校のバスケットボール部のキャプテンが、顧問の体罰によって自殺した。遺族が提訴した裁判で東京地裁（岩井伸晃《いわいのぶてる》裁判長）は、体罰はもちろん、威圧的言動についても「教育上の指導として法的に許容される範囲を逸脱した一連一体の行為として、不法行為法上違法と評価されるものというべきである」と、その違法性を認めた。

5　教員の「いじめに類する行為」を認定――山口・高校二年のいじめ・指導死

二〇一九年八月二〇日の夜、一六年に自殺した山口県の県立高校二年生の誠《まこと》（仮名、享年一七）の遺族宅に、当時の校長と現校長、自殺直前に誠が助っ人として入部した野球部の顧問が訪れた。「県いじめ調査検証委員会」は、同級生によるいじめと、野球部への転部が誠の自殺に影響したとして、いじめと自殺の関係性を認めた。そして、野球部顧問らの「いじめに類する行為」については、いじめを生みだす端緒になったと報告書は記した。

こうした状況を踏まえ、三人は遺族宅を訪れた。面会は一時間半。遺族によると、当時の校長は「自分がしっかりしていれば防げたはずだった」と話し、野球部顧問は「自分が気づくことができなかった」などと述べ、謝罪した。

この事例では、生徒によるいじめの有無だけでなく、教員によるいじめについての評価が注目された。以下、報告書や遺族の証言を元に経過を振りかえる。

決定的な自殺のサインはなかった？

二〇一六年七月二六日午前一時、山口県周南《しゅうなん》市にあるJR山陽本線の櫛ヶ浜《くしがはま》駅で貨物列車にはねられ、誠が死亡した。同駅は彼が通学に使っていた無人駅。ホーム以外から入れるし、柵もない。階段には彼のバッグとスマートフォン（以下、スマホ）が置かれていた。スマホのパスワードはかかっておらず、誰でも閲覧することができた。メモ用のアプリには、編集中のテキストが遺されていた。

母親には、自殺をする理由が思いつかなかった。だから当初は、「誰かに（背中を）押されたのではないか」と考えた。だが、警察によると、駅の監視カメラには誠がひとりで写っていたことから、自殺とみられている。遺書のようなメモには、家族と友人への感謝を記したメッセージのみが書かれ、自殺の理由は書かれていない。母親は、自殺前の誠の様子をこう語る。

「いつもは午前二時まで起きているのが普通だったんですが、最後の一週間を見ると、ご飯を食べたら寝ていました。『おかしいな』と思っていたんです。ヘルペスをわずらっていたし、気力もない感じでした。食欲も減っていました。慣れない野球の練習で、体力的に疲れているんだろうと思っていたんです」

誠は一年生のときからテニス部に入部していた。二年生になりたての一六年四月後半、口唇《こうしん》ヘルペスができたとツイッターに書きこんでいた。亡くなる二週間前にも、同様に口唇ヘルペスを発疹していた。ヘルペスは、疲労が蓄積すると発症しやすい病気である。

では、なぜ誠の疲労が蓄積したのか。その背景には、テニス部とは別に、野球部の助っ人を頼まれ、引きうけていたことがあった。

自殺前夜

野球部は、人員不足で大会への出場がむずかしくなっていた。秋の大会に出場するため、誠を含めた五人の生徒（うち二人はテニス部）が六月中旬ごろから、助っ人として練習に参加した。練習メニューは厳しいものだった。野球経験のない高校生がするような内容ではない。そのため、誠以外の四人のうち二人は音《ね》を上げ、助っ人をやめてしまう。

当時の状況を母親が語る。

「当初は『いるだけでいい』と野球部の顧問に言われていたんです。キャッチボールをする程度だと考えていたようですが、練習が思ったよりもきつかったようで。誠は練習に出ていましたが、野球部に中学時代からの友だちがいて、『（大会に出るという）望みをかなえるなら、手伝ってあげたい』と言っていました」

一六年七月一七日、野球部員からのＬＩＮＥで、顧問が練習に来るように言っていることを知り、翌日の練習に参加した。このとき顧問から正式な入部の話が出され、誠は承諾した。テニス部から野球部への転部となった。このことについて誠は、「友だちに頼まれたのでやらんといけん」「断れなかった」「ほとんど強引」と友人に話している。

七月一八日からの練習は、誠もほかの部員と同じメニューをこなすようになる。報告書には、「体力的に（野球部の）練習量をこなすには十分ではなかった」「決して運動能力も高くなく、（野球の）未経験者だった」などと記されている。両手に豆ができるくらいバットを素振りしたあとで、LINEで友人たちに「つかれた」「しんだ」などのメッセージを送っている。一方、手の豆の画像写真とともに「部活がんばったよ」などとツイッターに投稿した。

七月一九日は終業式。午後の練習に参加するも、早退した。「今日もえぐかった」「つかれた」とLINEで複数の女子生徒にメッセージを送っている。二〇日から夏休みになる。誠は練習中に熱中症と思われる症状となり、嘔吐《おうと》した。少し休んだあと、練習に戻った。顧問から保護者への連絡はない。この日の午後、野球部に移籍したことから、誠はテニス部のLINEグループからはずされた。

七月二三日、二四日の両日、誠は塾通いのために練習を休んでいる。この日、「俺もうほんまにむりや」とツイッターにつぶやいた。

「長く続けるつもりがないと、友人からスパイクを借りていたようです。だから、二四日に『スパイクを買いに行こうか？』と聞いたんです。すると、『長くすることじゃないから買わんでいいよ』と言っていました。そのため、毎日、テーピングしていました」（母親）

そして、母親が「野球部を辞めたら？」と聞いたものの、誠からの返事はなかった。辞めることを考えていたようだが、母親によれば「一度やると言ったんだから、辞めるなら迷惑をかける」と誠は顧問に言われていた。

じつは七月二三日に、誠は野球部員らにLINEで「月曜日（七月二五日）から行かない」とメッセージを送っていた。ただ、七月二五日には、はじめて終日練習に参加しているものの、

「野球に行きたくない」と母親に言っている。これが最後の練習となった。

七月二六日は、誠と母親、担任の三者面談をすることになっていた。母親は、誠に野球部を休ませるか、辞めさせることを担任に言うつもりだった。だが、同日の未明に亡くなった。面談に行けないことを担任に電話で告げたところ、誠が亡くなったことを知らなかったようだ。

「最後の会話らしい会話は、二四日のスパイクの話をしたときでした。二六日の個人面談のことを話そうとしたんですが、機嫌がわるい日が続いていたんです。『最近どうしたの？』と聞いたんですが、『俺だって、いろいろあるんじゃ』と言っていました」

姉は、誠の部屋でよくお菓子パーティーをした。ふたりはよく話をする仲で、一緒にジョギングをすることもあった。

「小さいころから仲がよかったんです。ふたりでご飯に行ったこともあります。お菓子パーティーのときは、『ベビースターラーメン』とか『じゃがりこ』を食べていましたね。恋話や好きな音楽の話とかもしてました」（姉）

七月二四日の夜も、ふたりでお菓子パーティーをしたと姉が語る。

「疲れていると思いました。だから、『元気出そう』的な会話をした記憶があります。野球の練習が暑いって話もしていました。二五日の朝は、ウインナーを炒めて、お弁当に詰めていました。このとき少し話をして、出かけるときに、『（玄関の）鍵しちょって』と言ったのが最後でした。帰ってきたとき、誠の部屋の電気がついていたんですが、疲れているだろうと思って、声をかけずに寝ました。話せばよかった」

自殺直前に何をしていたのか

七月二五日午後八時、夕食を作った母親は、誠を部屋まで呼びにいった。しかし、部屋にはいなかった。エアコンも電気もつけっぱなしになっていたので、友だちと出かけたのだろうと思っていた。母親は、「あとで通信履歴を見ると、一九時半ごろに家を出ていることがわかりました」と振りかえる。

野球部の友だちに、「ポケモンGO」を一緒にやろうと誘われ、二一時半には友だちとは家の前で別れていた。その後、どのような行動をとっていたのかは不明だ。

七月二六日の〇時半ごろ、父親が誠に電話をしているが、返事はなかった。「友だちと遊んでいて、遅くなっているのではないか」と思っていた。

午前一時半ごろ。父親あてに警察から電話があった。

「（誠が）電車にはねられて、意識不明の重体です」

父親は「俺だけ、先に行く」と言い、母親と姉を置いて、すぐに徳山《とくやま》中央病院へ向かった。車で一〇分ほどだが、行く途中は「どうか、助けてください」と願っていた。病院に着くと、ずっと待たされた。母親と姉は、あとから向かった。

「『処置が終わりました』と言われたんですが、どうなっているのかわからない。無事なのかどうかも怖くて聞けず、すぐに処置室には入れなかったんです。娘は普段、泣かないので、その反応でわかると思って、廊下で待っていました。すると泣きだしたので、最悪なことになったとわかったんです」（母親）

誠の状態について、医師は父親に「脳みそが出ていて、両脚が切断されている。どうすることもできません」と説明したという。「なんという言い方をするのか」と思いながらも、父親は受けいれるしかなかった。

遺族は、「もしかしたら、学校で何かあったのではないか。いじめではないか」と直感で思った。だが、野球の練習のことと自殺とは結びつかなかった。

七月二五日、ポケモンGOを一緒にしていた野球部の生徒が呼ばれて、教頭（当時）から「誠くんが亡くなりました。むやみに話さないように。家庭のことが原因と思われるから、学校のことは話さないように」などと説明を受けていた。

翌二六日、夏休み中だったため、野球部の生徒たちを含む、部活動などで登校していた生徒たちが体育館に集められ、亡くなった事実を伝えられた。学校側は、自殺発生当初から〝火消し〟をしようとしていたと思われても仕方がないような言動をとっている。

「学校で何があったのかわからないので、通夜や葬儀は、担任以外の学校関係者はお断りしました。誰が関わっているのかという思いがあったからです。このときはいじめとは思っていませんでした」（母親）

八月一日に誠の私物を取りに学校へ行ったとき、父親が「いじめがあったのではないでしょうか？　調べてもらえませんか？」と学校に要望した。八月一二日、いじめ防止対策推進法（いじめ防止法）にもとづき、いじめの疑いがある重大事態として、山口県いじめ問題調査委員会に誠のいじめに関する調査部会が設置された。遺族は報道で部会の設置を知ることになる。

文科省の「いじめの重大事態に関するガイドライン」では、学校や設置者、調査委員会などの調査主体になる組織が、遺族に対して調査についての説明をすることになっているのだが……。

ガイドラインには、「被害児童生徒・保護者等に対する調査方針の説明等」という項目がある。「説明事項」としては、①調査の目的・目標、②調査の主体（組織の構成、人選）、③調査時期・期間（スケジュール、定期報告）、④調査事項（いじめの事実関係、学校設置者及び学校の対応等）・調査対象（聴き取り等をする生徒・教職員の範囲）、⑤調査方法（アンケート調査の様式、聴き取りの方法、手順）。⑥調査結果の提供（被害者側、加害者側に対する提供等）があげられている。

部会の設置を報道で知ったということは、これらの①から⑥に関して、遺族に対する説明がなかったことを意味する。とはいえ、ガイドラインには法的な拘束力がない。

「いじめ」と「いじり」

遺族への聞きとりは、調査部会の調査委員ではなく、山口県教育委員会（県教委）の関係者がおこなったという。教職員への聞きとりには、すべて教頭が同席した。こうした聞きとりの方法についても、調査部会による遺族への説明はない。「これでは、先生たちは自由に話せませんよね」と母親は言う。しかし、法律やガイドラインに調査方法は書かれていない。

アンケートは生徒全員を対象におこなわれた。だが、遺族は原本を見ていない。「筆跡で個人が特定される」との理由だ。

調査委によっては「ガイドライン」にしたがって、調査内容の閲覧やコピーが可能なところもある。弁護士の立会いの元で、筆跡は見ずに、内容を遺族や被害児童・生徒本人、保護者が確認できる場合もある。

誠の遺族は、アンケートの原本を見たかった。だが、かなわなかったので、県にアンケート原本の開示請求をしたところ、県からも「遺族に亡くなった人の情報を公開する条例はない」との理由で開示されなかった。「個人情報保護法」によると、第二条で「個人情報」を「生存する個人に関する情報」と定義している。「亡くなった人の個人情報」に関しては対象外なので、開示への壁は高い。

さて、二〇一七年一〇月二七日に調査部会は報告書を完成させた。報告書によると、いじめと自殺の関連性については、「『いじめ』が自殺に影響したか否かと問われれば、『影響した』と答えることができる」「当該事案は様々な要因からなる複雑な事象であり、一つの要因だけで説明できるほど単純ではない。よって、『いじめ』のみを自殺の要因と考えることはできない」とした。また、「本人がどう受けとめたかという『個人的な要因』が介在し、人間関係を非常に重視する本人の『性格傾向』のゆえに、より強く影響を受けたと考えられる」と、個人的な要因が自殺をまねいたとも受けとれる内容になった。

つまり調査部会は、いじめがあったことを認めた。一方、いじめが自殺に影響したと言えるものの、自殺の要因は多々あるとして、いじめだけが自殺の要因ではないと述べた。

たしかに自殺の背景には、本人の性格のほか、日常生活、自殺する手段に近づけた環境などもあるのだろう。だが、調査委が判断すべきことは、あくまでも誠が自殺を考えたり実行する理由に、いじめが関与したかどうかなのである。いじめがなければ自殺しなかったのかを判断すべきではないか。

母親は、「調査部会長は、加害者とされる生徒の出身中学の元校長でした。部活動のことは調査されませんでした。報告書の内容では、具体的にどの要因が大きいのかわかりにくいのです。性格の要因ともとれます」と疑問を投げかけた。父親は「中間報告もなく、調査は満足する点がありませんでした。ほかの遺族に話を聞いて、県教委の対応がおかしいと感じました」と振りかえる。

報告書には、小学校のときにあった誠のいじめ被害にも言及されていた。たとえば、「特筆すべき出来事」として、「体型などの容姿に対するからかいがひどかった」「『いじめ』を行う中心人物らから、からかわれたりした」など、小学校四年のときのいじめについて言及している。しかし、「小学校六年のとき、『いじめ』は収まっていた」とも述べる。

これに対して母親は、「そのときの加害者とは中学では大親友になっていました。高校時には気にする様子はなく、その子との関係は消化できているのではないでしょうか」と話す。亡くなった誠がどう考えていたのかによる。このことが自殺に与えた記録などはない。

また、報告書では「いじめ」ではなく、「いじり」という表現が多用された。たとえば、「そのほとんどは生徒同士の会話によるものであり、当該生徒の反応と、それによる『場の和み』を期待してのことだった」、「会話以外にも、当該生徒の反応を期待した『行動』も含まれていた」、「教職員による『いじり』と呼ばれていた行為もあった」などだ。ようは、事態の深刻さを軽んじた表現になっている。

調査委が確認した「いじり」の内容としては、「いじり（日常的に話をふられる、からかわれる）」、「テニス部内の人間関係（部内外で悪口、からかい）」、「おごり（五分五分ではない、回数も多い）」、「携帯で連写（無断でスマホの動画撮影、連写）」、「喧嘩（コーラを振り、あふれさせる）」、「LINE退会等（一方的通知、汚い言葉）」の六項目を、「『いじめ』若しくは、『いじめに該当するものが含まれる』出来事」としてまとめている。

つまり、日常的なからかいのほか、テニス部内での人間関係、野球部に移籍する際のLINEグループ退会などが、いじめと認知できるとした。

また、教員による「いじり」があったことについて、報告書は以下のように記している。

教員から話を振られたり、用事を頼まれたりすることが、本人は他の生徒よりも多くあり、このことは、本人が他の生徒達からいじめられている状況に教員が合わせてしまった面があったためと考えられる。本人の反応は様々であるが、明確に拒否しないからいやな思いをしていると判断できないのは、生徒間の場合と同様である。教員の認識がどうであれ、ストレスとなった場面もあったと考えるべきである。行きすぎたいじりに対して注意すべき立場の教員がそれに合わせてしまった場合、本人がその教員に自分の悩みを相談しようとは思わないことは容易に想像できる。

そして、教師による生徒へのいじりについて、報告書は「提言」のなかで以下のようにまとめている。

教員自身が生徒を「いじる」ことは、「いじり」を容認したとも受け取られかねないので、よほど慎重でなければならない。いじってしまい、まずいと思ったら、すぐその場で「今の私の発言で誠さんを不快にさせたかもしれない。申し訳ない」などと伝えてほしい。間違いを犯さないことよりも、間違いに早く気付き、改めることが重要であると考える。

ちなみに、誠は六月八日のツイッターに、以下のような投稿をしている。

そいや○○先生（筆者注…野球部顧問）の野郎いつものように何かあったら俺の名前をすぐ呼ぶのを全校生徒の前でもやって俺をこけにしてくれたんだけどどういうことなのかなとても恥ずかしいんだけど

報告書で検証されたのは、あくまでも教師が生徒をいじることについてであり、そのいじりが誠にとってどれくらいストレスになっていたかは検証されていない。

このように、遺族にとっては不十分な内容の報告書ではあったが、知らなかった内容も判明したため、「評価できる部分はあった」と母親は言う。

再調査で明らかになったいじめの詳細

調査結果に不満があった遺族は、二〇一七年一二月一二日、県知事に再調査を申しでた。一八年二月二八日、県知事の下に「県いじめ調査検証委員会」（以下、検証委）が設置され、生徒同士の「いじめ」や「いじり」の評価だけでなく、指導体制の問題として、法では対象外の教員による「いじめに類する行為」も調査した。

「はじめの調査委のとき、『なぜ教職員については調査されないのか』と言ったんですが、『法律による調査だから、生徒間のみしか調査できない』と言われたんです。でも、教職員に

も疑いがあるのであれば、そこを含めて調査すべきです」(母親)

ただ、再調査でも、何をどこまで調査し、どんな方法や手順で調査するのかという遺族との話しあいはなく、「設置要綱」は作られなかった。ただ、再調査では、当初の調査委の報告書よりも踏みこんだ内容の調査がおこなわれた。調査委では、「いじり」に関して六項目が検討されたが、それぞれの評価はあいまいだった。再調査では二二項目が対象となり、うち一八項目が「いじめに該当」するとの判断になった。

たとえば、「言葉でのからかい」としては、軽い口調で体型のことをからかわれたり、女子生徒から「キモい」と言われることがあったという。市販の弁当を持っていくと、からかわれたりもした。また、男子生徒(行為者は不明)から黒板消しで頭の上をぽんぽんと叩かれ、粉まみれになった。

さらに、誠ともうひとりの男子生徒が教室に入れないようにされたこと。高校一年のとき文化祭の企画委員となった際、合唱の指揮者や生徒企画のクラス代表にも誠を推す声があり、担任が「押しつけ」と問題視し、注意をしたこと。

駅前の県道沿いで、複数の女子生徒の制服のリボンを頭の上と首につけられ、立っているところをスマホで撮影された。下校中に同級生によくおごっていたこと。相手や回数は男子生徒よりも女子生徒のほうが多かった。「ゆすられているのと同じだからやめたほうがいい」とある女子生徒から助言されたこともあった。

テニス部関係では、部室に自分のスマホを置きわすれたときに、上級生が「メモリーをいっぱいにしてやろう」と言い、無断で動画撮影（一分四一秒）をしたり、四五二枚の写真を撮影した。「髪型がキモい」「お前、マジ、死ねや！」などと笑いながら言われた。誠は「うるせー」と言いかえしていたが、次第に笑うだけになった。

テニス部関連では、ほかにふたつの部を掛けもちするのは無理と考えた部員が、誠をテニス部のＬＩＮＥのグループから退会させたことがあげられた。本人に了承なく、一方的に退会させることは「仲間はずれ」にあたり、残酷な行為のひとつだとしている。

そして、調査委の報告書について、こう評価した。「親しい友人間のやりとりも『いじり』として扱われる一方、明確な誹謗中傷やいやがらせも『いじり』として扱われていた」。

教員からの「いじめに類する行為」としては、「法による『いじめ』とは認定することはできないが、心理面で影響を与えストレス要因になったか」を基準として、六項目が検討された。そして、そのなかの五つを「いじめに類する」とした。

・体育館で全校生徒がいる前で名前を呼び、「聞こえるか？」と声をかけられ、戸惑っていた。「いやだった」などとＴｗｉｔｔｅｒに投稿していた。

・部活の顧問が名指しで掃除の道具を片付けるように、雑用の押し付けをした。

・テスト実施中に、部活の顧問が「ちゃんとやったんか」と話しかけた。

・授業中に、野球部の顧問があだ名を連呼し、「またかよ」と言っていた。

そして検証委の調査報告は、「生徒の前で教職員自身が『いじめに類する行為』を行うことは、その行為が是認されたものと生徒が受け止めて、生徒が同調し、次の生徒による『いじめ』を生み出す端緒となる可能性がある」と指摘する。

このように、教員による行為をいじめ調査の対象にしたのは、異例のことである。当時の校長は管理監督責任を問われ、減給一〇分の一(一ヵ月)の懲戒処分となった。他方、教員のいじめに類する行為は、いじめ防対法による禁止対象ではないため、法的には処分されていない。

県教委の「懲戒処分」の指針では、「あくまでも標準」としながらも、教職員の懲戒の対象として、児童・生徒に対する体罰やわいせつ行為・セクシャルハラスメントが対象になっている。だが、教職員による不適切な指導やいじめに類する行為については規定がない。そもそも、報告書にあった「いじめに類する行為」を学校側は認めていない。

いじめ防対法の改正に関する議論では、いじめの定義に関連する教員の行為を含めることや、教員への懲戒も念頭におくべきだと私は考える。いじめが児童・生徒間のみでおこなわれるものだとする前提は、あきらかにまちがっている。児童・生徒間のいじめに加担したり、積極的に児童・生徒をいじめる教員が存在するのだから。

検証委の再調査に関して、遺族は一定の評価をしている。「(調査部会が作成した)最初の報告書がでたらめ」と感じていたからだ。母親は「生徒からのいじめも、教職員からのいじめも認められました。そのため、学校の指導体制が整っていれば、自殺を防げたと思います」と私に語った。

遺族は今後、「加害生徒たちと、どう向きあっていくのか」という問題に、これから取りくんでいくことになる。

第二章

この国は、
いじめ自殺と
どう向きあってきたのか

いじめは、いつでも、どこでも、誰もが被害者になる。一方で、誰もが加害者になってもおかしくない状況にある。また、被害を受けた者が別のタイミングでは加害者になるという、いじめのローテーションも起きている。さらには、一見すると仲のよい関係でありながら、ふとしたきっかけでいじめ・いじめられの関係になってしまうことだってある。

いじめについて語ろうとするとき、何が「いじめ」かという定義が必要になる。だが、後述するように、文科省による「学校におけるいじめの定義」の変遷を見ると、いじめを定義することのむずかしさがわかる。

「学校内のいじめ」を浮かびあがらせるものは、その時代の人権意識のほか、子どもたちの人間関係のあり方やコミュニケーションの仕方、使うツールなどによって変化していく。つまり、時代によって、いじめのありようも変化している。

では、いじめの定義の変遷について見ていこう。最初に行政として定義づけたのは警察だ。一九八五年四月、警察庁がはじめて、「犯罪白書」のなかでいじめを取りあげた。その定義は「単独または複数で、特定の人に対して、身体への物理的攻撃のほか、言動による脅し、いやがらせ、仲間はずれ、無視などの心理的圧迫を反復継続して加えること」である。

そのうえで、「単に加害者側が加える攻撃の問題にとどまらず、攻撃される側、すなわち被害少年が『いじめ』に対する仕返しとして、殺人や放火などの事犯を犯したり、『いじめ』からの逃避として自殺するなど、新たな複合した問題」と補足している。

八四年の警察庁の調査によると、いじめに起因した事件は全国で五三一件であった。検挙されたのは一九二〇人。「いじめ」が原因で七人が自殺した。学齢別で見ると、中学生の割合が七九・五%で、全体の多くを占めている。高校生は一八・四%、小学生は二・一%となっている。

八五年の五月、警視庁少年一課が開設した「いじめ相談コーナー」には、悩める子どもや親たちからの電話があいついだ。同月五日から一三日までに、子どもから一一六件、親や教師から一二三件の相談があった。ただし、名乗ったのは九人のみ。匿名の相談がほとんどだった。

ここからは、いじめの定義に影響したと思われる八五年以降の事件について取りあげてみよう。

1　いじめに対する学校の責任が裁かれた——いわき市・中学三年のいじめ自殺

一九八五年九月に福島県いわき市の小川《おがわ》中学校で、現金を脅し取られたり、暴行を受けていた中学三年の男子、茂雄《しげお》(仮名、享年一四)が自殺した。

八六年八月には、いわき市といじめのリーダーの両親を相手に、約八四〇〇万円の損害賠償を求めて遺族が提訴した。九〇年一二月、福島地裁いわき支部(西理《にしさとる》裁判長)は、いじめと自殺の因果関係を認め、市に賠償を命じる判決を下した。生徒が自殺したことの「学校の側の賠償責任」を認めたはじめての判決だ。

いじめ自殺の裁判では、いじめと自殺のあいだに「相当因果関係」が認められた場合、被告に対して賠償責任が生じる。「相当因果関係」とは、いじめと自殺のあいだに因果関係があったことだけでは認められない。いじめの結果、学校側が精神的被害や自殺を予見できるのか（予見可能性）も基準になるため、原告と被告の日常の行為が検証され、それが原因で結果（たとえば自殺）が発生したのかどうかが問われるのである。くわえて、教師らが教育の専門家として、必要な注意義務や結果回避義務（いわゆる安全配慮義務）をなしていたのかも問われる。

いわき市のいじめ自殺の判決では、学校側の過失と被害生徒の自殺とのあいだに、「相当因果関係」があったことを裁判所は認めた。

この判決では、「いじめとは何か？」という明確な定義については触れていない。しかし、いじめ行為を列挙しつつ、支配・被支配関係を以下のように問題視した。

・一年生時に形成された支配と被支配の関係がますます強められ、完全に固定化していたことが明白である。そのような関係の中で、被害生徒は加害生徒から既にみたとおりの暴力や金銭強要その他を受け続けていたものであって、これはまさに近時大きな社会問題化しているいわゆる「いじめ」そのものにほかならず、それも極めて程度の重い悪質なものであったといわなければならない。

・「いじめ」や「子供の自殺」に関する専門的な文献は、子供たちがいじめにあって意外な程に脆く自殺してしまうことがあることを指摘していることを考慮すれば、被害者はいじめに遂に耐えきれなくなって自殺したものと一応推認されるのである。

学校の責任についてもこう指摘する。

・いじめについての学校側の安全保持義務は、既に一定の事実が把握されており、その事実だけからしても重大かつ深刻ないじめの存在が推察されるという時のほか、生徒やその家族からの具体的な事実の申告に基づく真剣な訴えがあったときには……（中略）……決してこれを軽視することなく、適切な対処をしなければならないということになる。

・学校側がいじめの全体像を把握する努力をしないまま、表面化した問題行動について形式的で、その場限りの一時的な注意指導を繰り返したのみで、しかも加害生徒に対して及び腰であったところから、このような学校側の対応が加害生徒を更に増長させ、その後も被害生徒に対する悪質ないじめを継続することにつながったものといわざるをえない。

いじめに対する不十分な指導によって、加害生徒が教室を荒らす。加害生徒から金銭を強要されていることを、学校は被害生徒から告げられる。だが、学校は事実確認を怠った。これについて判決は、次のように述べる。

・この時点で、先に述べたようないじめ問題に対する真剣な対応策がとられておれば（その手はじめに徹底した事実調査に着手していただけでも）、A（茂雄）の自殺という最悪の事態を十分に阻止することができたものと思われる。

・学校側に、いじめに対処するうえで過失があったことは否定し難いものといわなければならない。また、これまでみたところからすれば、学校側の過失と被害生徒の自殺との間に相当因果関係があるものということができる。

この判決は、「自殺に対する学校の予見可能性」の有無をそれほど問題にしていない。被害生徒が自殺の予兆を示すような具体的な行動はしていないが、「悪質かつ重大ないじめはそれ自体で必然的に被害生徒の心身に重大な被害をもたらし続けるものであるから、本件いじめがAの心身に重大な危害を及ぼすような悪質重大ないじめであることの認識が可能であれば足り、必ずしもAが自殺することまでの予見可能性があったことを要しない」としている。つまり、「悪質かつ重大ないじめ」に対する認識が可能かどうか、でよいのだ。

そのうえで、学校側に重い責任を負わせた判決である。これまで「いじめ被害」に対する学校側の過失責任を認めた判決はあったが、いじめ自殺で学校の過失責任を認めたはじめての判決であり、今日的に見れば「指導死」の考え方も予見させる内容となっている。

だが、学校の責任が問われざるをえない「いじめ自殺」はその後も続くことになる。この、いわき市でのいじめ自殺が社会問題化したのにもかかわらず……。

2 国が「いじめ」と本格的に取りくむ——東京中野区・中学二年のいじめ自殺

いじめが社会問題化するなかで、文部省（現・文部科学省）は一九八六年に、いじめの発生件数を「児童生徒の問題行動・不登校等生徒指導上の諸課題に関する調査結果」で公表するようになった。

その文書では、いじめはこう定義されていた。

①自分より弱い者に対して一方的に、②身体的・心理的な攻撃を継続的に加え、③相手が深刻な苦痛を感じているものであって、学校としてその事実（関係児童生徒、いじめの内容等）を確認しているもの。なお、起こった場所は学校の内外を問わないもの。

八六年以前でも、いじめやいじめに起因した自殺は起きていたし、メディアで報道されることもあった。しかし、文部省はいじめに対するアクションを起こしてこなかった。そんな文部省が、いじめに対して本腰を入れることになったのが、八六年だと言える。この定義を【一九八六年の定義】としておく。

調査の直前には、世間を騒がせたいじめ自殺が起きている。

「このままじゃ、『生きジゴク』になっちゃうよ」

八六年二月一日、東京・中野区の中野富士見《ふじみ》中学校二年の男子、裕史《ひろふみ》（享年一三）が、父親の実家に近い岩手県盛岡市のJR盛岡駅前にあるショッピングセンターのトイレ内で首吊り自殺をした。「家の人へ、そして友達へ」というタイトルの遺書には、こう書かれていた。

突然、姿を消して申し訳ありません。（原因について）くわしい事については□□とか○○（筆者注…□□と○○は人名。遺書では実名）とかにきけばわかると思う。俺だってまだ死にたくない。だけどこのままじゃ、「生きジゴク」になっちゃうよ。ただ、俺が死んだからって他のヤツが犠牲になったんじゃいみないじゃないか。だから、もう君達もバカな事をするのはやめてくれ。最後のお願いだ。

裕史は、一〇人ぐらいのグループのなかでパシリ（使いっぱしり）をしており、ちょっとしたことでメンバーに殴られていた。担任は知っていたが、指導をしていない。さらに、教室で葬式ごっこの対象になった際には、教師も参加していたことがわかった。このいじめ自殺事件は、今日まで代表的ないじめ事件として語りつがれている。

この自殺をめぐっては、八六年四月に警視庁がいじめの加害者一六人を傷害と暴行容疑で書類送検した。同年六月には、遺書に書かれていた生徒二人と両親、東京都と中野区を相手に損害賠償を求めて、遺族が東京地裁（村上敬一《むらかみけいいち》裁判長）に民事提訴した。以下、訴訟の記録を元に、事件の概要を振りかえってみる。

この事件が注目をあびたのは、前述のとおり「葬式ごっこ」に教員が参加していたからだ。判決文には、「二年A組の生徒数名は、同年一一月中旬頃、裕史の不在の席で雑談していた際、欠席、遅刻の多い被害生徒が死亡したことにし、追悼のまねごと（葬式ごっこ）をして、驚かせようと言い出した者がいて、これに賛同し、実行に移すこととした」とある。これに教師が加わったというのだ。

机には、「鹿川《しかがわ》君（筆者注…被害生徒の名字）へ　さようなら　2Aとその他一同より　昭和61年11月14日」と書かれた色紙が置かれ、そこには二年A組のほぼ全員の生徒と、ほかのクラスの二年生の一部、担任、英語科担当教師、音楽科担当教師、理科担当教師という四人の教諭によるコメントが書かれていた。加害生徒の主犯格は「今までつかってゴメンね。これは愛のムチだったんだよ」、担任は「かなしいよ」、英語科担当教師は「さようなら」、音楽科担当教師は「やすらかに」、理科担当教師は「エーッ」などと書いていた。

遅刻して登校した裕史は、机のうえを見て「なんだこれ」と言った。彼が登場すると、クラスのひとりが弔辞を読みあげた。帰宅した裕史は、「こんなのもらっちゃった」と母親に色紙を見せた。

使いっぱしりを拒んだ裕史は、グループのメンバーに平手打ちをくらうこともあった。グループを抜けようとすれば、仲間はずれにしようとするムードが高まる。結局、裕史は学校を欠席するようになっていく。この段階で、裕史の家族と担任は話しあっていない。

裕史は新しい交友関係を作り、年末年始に高尾山へ自転車旅行に行く。グループのメンバーたちが憤慨し、裕史に暴行を加える。事実を把握しようとした教頭が当事者らに電話をしたもののの、暴行の事実を否定した。

その後もいじめは続く。担任は転校をすすめたが、裕史は興味を示さない。八六年一月三一日、登校するかのようにして家を出た裕史は、登校もせず、帰宅もしなかった。そして、同年二月一日、盛岡駅ビル地下一階のトイレで、自殺をしているのを発見された。遺品には、新しく買ったミュージックテープ、現金三三一円、そして、保坂展人《ほさかのぶと》著『やったね！元気くん』と

『ビートたけしの幸か不幸か』という二冊の本が含まれていた。
以下、裁判の判決文を参照しつつ、何がいじめとして認められたのかを検証してみよう。

教師が生徒のいじめを止めなかったのは違法

東京地裁の判決では、公立学校設置者の安全保持義務は、学校教育の場自体だけでなく、密接に関連する生活場面でも、ほかの生徒からもたらされる生命、身体などへの危険にも及ぶ。つまり、「学校事故の発生すべき注意義務」があるとしたうえで、いじめについて次のように言及した。

いじめの問題を単なるいたずらやけんかと同一視したり、生徒間の問題として等閑視することは許されない状況にあるとの基本的認識に立って、その解決のためには、いじめへの予防及び対応等の緊急の措置とともに、生徒の生活体験や人間関係を豊かなものにしていく長期的な観点に立った施策が必要である。

一方で、「いじめの行為といっても、…（中略）…必ずしもそれ自体が法律上違法なものであるとは限らないのであるから、子供の人権上又は教育上の配慮から、それを規制するためにとり得る方策にもおのずから限界があって、多くの場合においては、教育指導上の措置に限定されざるを得ないことも明らかである」と述べ、いじめ自体が違法とは限らず、指導の対象に限定されるとも指摘する。

そのうえで、いじめの内容や程度、被害生徒と加害生徒の年齢、性別、性格、家庭環境などを考慮して、「安全保持義務」について考慮するとしている。くわえて、「(被害生徒に対する)身体への重要な危険又は社会通念上、許容できないような深刻な精神的・肉体的苦痛を招来することが具体的に予見されたにもかかわらず、過失によってこれを阻止するためにとることができた方策をとらなかったときに、はじめて安全保持義務違背の責めを負う」とした。

つまり、条件付きだが、生徒にいじめがあり、教師が生徒の苦痛を予見できる場合、いじめを止めなかったことは違法であると裁判所は認めたのである。

しかし、地裁判決は、「葬式ごっこ」については次のように評価した。


『葬式ごっこ』については、裕史の死後にその死をいじめによる自殺という観点からとらえる一連の報道の中ではじめて表面化し、教師までが加担していたとして非常に陰湿な出来事であるかのように一般には報道されたけれども、被害生徒が当時これを自分に対するいじめとして受け止めていたことを認めるに足りる証拠はなく……(以下略)

つまり、被害生徒が葬式ごっこをいじめととらえていたとは言えない、としたのだ。葬式ごっこに教師が参加したことについては、「教師らが右のような生徒らの悪ふざけに参画したことについては、教育実践論上は賛否両論がみられるけれども、いずれにしてもひとつのエピソードであるに過ぎないのであって、これを被害者の自殺と直結させて考えるのは明らかに正当ではない」と述べた。

地裁判決は、葬式ごっこに教師が参加したことを「ひとつのエピソード」としてしかとらえていない。「当時社会問題のひとつとされていたような典型的・構造的ないじめの事例」と見ることはできない、ということである。

自殺の予見性を認めず

長期間にわたる欠席があり、休むたびに「通院のために欠席をする」という不自然な電話連絡を自身がしていたことからも、被害生徒が深刻な苦痛に陥っていると教員が考えることはできた。その意味で、安全保持義務があることは認めている。

一方で、「明白に自殺念慮を表白していたなど特段の事情がない限り、事前に蓋然性のあるものとしてこれを予知することはおよそ不可能」と厳格に解釈し、自殺の予見性は否定した。「いじめの発生やいじめによる苦痛」と「自殺」とは「別個のこと」という判断だ。

この判決を不服とした遺族は、九一年に控訴した。九四年五月、東京高裁（菊池《きくち》信男《のぶお》裁判長）は、判決でいじめの評価を一部見直した。「葬式ごっこ」をいじめと認定したのだ。そして、

「そのような自分を死者になぞらえた行為に直面させられた当人の側からすれば、精神的に大きな衝撃を受けなかったはずはないというべきであるから、葬式ごっこはいじめの一環と見るべきである」と評価を改めている。

地裁判決では「ひとつのエピソードにすぎない」として、いじめとしては認めなかった。だが、控訴審判決では「精神的に大きな衝撃を受けなかったはずはない」として、いじめとして認めた。また、学校内外の被害生徒の動向に教師が気づいていたことも示された。被害生徒が授業中に抜けだしたり、欠席や遅刻が続いた状況があったため、八月八日に次のような手紙が担任から親に出されたことに言及したのである。

気が弱いということから、イジメラレル傾向があります。僕も気をつけていますが、今の生徒は仲々ずるがしこくうまく、彼を仲間にひき込もうとします。イジメて悪いことでもやらせようとするんです。しかし裕史は悪いことの出来る子ではありません。だから、イジメラレルのかも知れません。

さらに、被害生徒がいじめの対象になることを学校側は予見していたことや、いじめの対象になっていることを学校側は目撃していたことについて、「いじめに長期間にわたってさらされ続け、深刻な肉体的、精神的苦痛を被ることを防止することができなかったものであるから、中野富士見中学校の教員らには過失があるというべき」と指摘。学校側の対処は、加害生徒のいじめ行為を注意するだけだったことを認めた。

しかし、「いじめを受けた者がそのために自殺するということが通常の事であるとはいい難い」として、控訴審判決も自殺の予見性は認めなかった。つまり、一般の教員ならば、いじめを受けた生徒が自殺するという結果をまねくことは認識できないと結論づけた。当時は、自殺のリスクとしていじめをとらえていないということなのだろう。

前出の福島県いわき市での男子生徒のいじめ自殺では、加害生徒の行為は「悪質ないじめ」であり、学校側にも過失があったとした。安全配慮義務違反を判断する基準としては、「心身に重大な危害を及ぼすような悪質重大ないじめであることの認識が可能であれば足り」るとしていた。中野富士見中学校のいじめ自殺の判決と比較した場合、裁判所によっていじめ自殺に関する司法の評価が分かれてしまっている実態が浮きぼりになった。

いや、中野富士見中のいじめ自殺は、いわき市のいじめ自殺のあとに起きた。両者の判決を見るかぎり、いじめ自殺に関する司法の評価は後退したと私は考える。もしくは、いわき市のいじめ自殺に対する判決が当時としては先駆的すぎたのかもしれない。

3　いじめの〝ありよう〟が変化していく

文科省による「いじめの定義」の変遷

中野富士見中のいじめ自殺判決からわかることは何か。それは、教育の専門職としての教師が持つべきものは、いじめを防止する姿勢だということであろう。

いじめそのものは止めることができないとしても、生命や身体に対する被害の発生を防止・軽減・阻止することは可能だ。しかし、自殺対策基本法（二〇〇六年制定）や、いじめ防対法ができる以前は、生徒の自殺防止という観点で教師に期待できる部分は法的には限定されていた。

ちなみに、過労自殺と比べると、いじめ自殺や指導死は、裁判などで予見可能性が認められることが少ない。なぜか。いじめ自殺は、管理者側（学校や教育委員会）の加害責任が認められることが少ないからだ。中野富士見中のいじめ自殺判決に見られるように、自殺の予見可能性や安全配慮義務違反が認められるためのハードルは高い。

一方、過労自殺については、労働基準法や労働安全衛生法という基準があり、管理者側（会社）が職員の健康状態の悪化を知っていることが前提となっていることから、自殺を予見できたとする判例が多くなっている。

このような違いは、生徒が自殺した際に日本スポーツ振興センターの学校災害共催給付が支払われるかどうかという基準にも通じている。死ぬことがわかってなされる行為は、個人の「故意」であると見なされる。高校生が自殺した場合にセンター給付の対象になるためのハードルは高かった。高校生には、生死の分別がついているという前提で話が進められるからだ。そのため、改善を求める多くの遺族が文科省へ働きかけてきた。ようやく政府は一六年九月七日、閣議で日本スポーツ振興センター法施行令を改正した。これにより、高校生の自殺の理由がいじめや体罰、暴言などであっても、給付対象となった。同年四月一日にさかのぼって適用される。

さて、中野富士見中のいじめ自殺で、いじめは大きな社会問題となっていく。だが、いじめは減らない。その理由は、文部省の【一九八六年度の定義】では、目の前のいじめをとらえられなくなっていったからである。子どもたちのコミュニケーションのありようが変化すれば、いじめの形態も変化していく。文部省は、その変化に対して、後追いで対応するのが常だ。文科省がはじめていじめを定義したのは八六年度だが、以降、いじめの定義はどう変わったのか。文部省の【一九九四年度からの定義】を見てみよう。

①自分より弱い者に対して一方的に、②身体的・心理的な攻撃を継続的に加え、③相手が深刻な苦痛を感じているもの。なお、起こった場所は学校の内外を問わないもの。

なお、個々の行為がいじめに当たるか否かの判断を表面的・形式的に行うことなく、いじめられた児童生徒の立場に立って行うこと。
＊「学校としてその事実（関係児童生徒、いじめの内容等）を確認しているもの」を削除
＊「いじめに当たるか否かの判断を表面的・形式的に行うことなく、いじめられた児童生徒の立場に立って行うこと」を追加

新しい定義では、【一九八六年の定義】から「学校としてその事実を確認しているもの」という文言が除かれた。そもそも、いじめは教師にわからないようにする行為なのだから、除かれて当然である。また、外から見れば対等な関係に見えても、内実は違う場合も多い。そのため、いじめか、いじりか、ふざけているのか、という区別をつけるのは簡単なことではない。

では、この【一九九四年度の定義】が定められたころのいじめ自殺の事例を見てみよう。

担任による予見が可能であった――津久井町・中学二年のいじめ自殺

九四年七月一五日、神奈川県津久井町《つくいまち》の中学二年の建人《けんと》（仮名、享年一四）が自宅で首吊り自殺をした。一八時ごろだった。遺書はない。生徒は四月に相模原《さがみはら》市から転校したばかりであった。

建人のノートからは、自筆ではない落書きが見つかっている。「みんながきらってるぞ」「バーカ」などと、彼を罵倒する内容だった。五月三〇日にも、「私は占師、みんなからきらわ

れている　きえろ　しね」などと書かれていた。母親が見つけて、学校に連絡。担任が落書きをした生徒に注意を促していた。

自殺当日の朝は、建人の教科書や机に給食用のマーガリンが塗られ、イスにはチョークの粉がまかれ、画びょうも置かれていた。学校側は、いたずらをした者は名乗りでるように指導をした。そして、女子四人と男子二人に注意をしていた。

遺族は、同じクラスに在籍していた加害生徒九人と津久井町、神奈川県を相手に損害賠償請求訴訟を横浜地裁（池田《いけだ》亮一《りょういち》裁判長）で起こし、二〇〇一年に遺族は勝訴した。判決では、自殺の原因を「中学転入から本件自殺まで、少なくともトラブルが一五回存在した」として、いじめがあったことを認めた。判決の内容を参照しながら、建人に対するいじめの実態と教師の対応について触れてみよう。

母親は、転入の際に学校側へ「前の学校で多少、いじめられていたので心配です」と伝えた。担任はこの情報を元に、建人を「生徒指導上配慮を要する生徒」として全職員に連絡した。

被告Bは、建人とすれ違うと「自意識過剰」「ばか」などと言っていた。建人は「ばか」などと言いかえすこともあった。それに腹を立てたBは、建人あてに「好きです。昼休みか休み時間に校門か体育館の裏に来てください」という内容のラブレターをCに作成させて、建人の机のなかに入れた。建人はラブレターを読み、破いて捨てた。Bはこの件に関して、担任から注意を受けている。建人の自殺後に学校側がおこなった調査では、手紙の内容はいたずら程度のもので、Bと建人の双方に「至らない点があった」としていた。

被告Dは六月中旬ごろ、建人の『新しい技術・家庭　上』という教科書に、「サインを書いてあげる」と言いながら落書きをした。建人は笑いながら「やめてくれよ」と言ったという。

被告Eも、身体測定で達人が保健室に行っているうちに、建人の教科書に落書きをした。塾の教科書にも「さようなら」「てめーぶざげてんじゃねーよ」「うざってーきえるんだ」と落書きされていた。建人の教科書は隠されることもあり、自殺後には教室のロッカーから理科の教科書が発見された。

被告Fは、中学校の生徒間でおこなわれていた「じゃんけんゲーム」の際、建人の顔をつねって青あざを作った。この件について担任は、母親に連絡した。またFは、中学校のトイレ内で建人を殴ったことがあった。

自殺前日の七月一四日。被告Gは放課後、建人と口ゲンカをした。Gはかっとなり、建人の靴を持って学校内を走りまわった。

そして、自殺当日の様子は、前述のとおりである。

この件について、担任はアンケート調査をした。集計前にEらが名乗り出たので、担任は彼らを注意したのち、マーガリン事件を両親に伝えようとした。だが、伝える前に建人は自殺したのであった。

被告生徒らの法廷での主張は、「優位・劣位という関係において、一定の者から特定の者に対して、集中的・継続的に繰り返される、心理的・物理的・暴力的な苦痛を与える行為を総称するものである、として、ほとんどの行為はいじめか、けんかの仕返し、いたずらにすぎない」というものだった。

また、被告の津久井町は、「A（筆者注…建人）と被告生徒たちのあいだには言い争いはあったが、いじめはないし、自殺の原因になるようなことはない。トラブルも偶発的な要素が強い。いたずらやふざけ半分の行為は注意をしていた。Aに対しては個別的にも、集団的にもいじめはなく、トラブルに対しては、事実関係を確認して、適切に指導をしており、過失はない」と主張した。そのうえで、「自殺の原因と明確に結び付けて考えるべき事情はなかった」とも法廷で述べていた。

判決では、加害生徒九人の共同不法行為（＝いじめ）が成立するとして、いじめと自殺の事実的因果関係を認めた。つまり、いじめがなければ、自殺をしていないとした。一方、加害生徒の証言に関しては「抽象的、一律に否定する傾向」が「不自然なもの」として、証言として採用しなかった。そのうえで、加害生徒たちが建人に対しておこなったのは、「いたずら」や「からかい」ではなく共同不法行為だと断じた。言いかえれば、建人がいじめられたという事実は、加害生徒の主観的な意図には左右されないということだ。

担任の責任については、建人と「被告の加害生徒らを含めた同じクラスの生徒との間には、中学転入から本件自殺まで、少なくともトラブルが一五回存在したことを把握していた」ことから、建人と「他の生徒らのトラブルは、担任が認識し得た本件共同不法行為を含めて多数していた可能性があ（った）」と述べる。

さらに「担任教諭が把握し、指導の対象としただけでも一〇回を超えた状況の元においては、担任としては、他の生徒と比較して亡き生徒がトラブルを起こす数が多いと認識していたはず」で、当時はいじめ関連の報道で、悪ふざけと称しておこなわれている学校内の生徒同士のやりとりが原因で、小・中学生が自殺するに至った事件が周知されていたはず、とも述べた。

結果、建人に関するトラブルが続けば、精神的・肉体的負担が増加し、建人への傷害、不登校、ひいては自殺のような重大な結果をまねくおそれについて、担任が「予見することが可能」であり、「より強力な指導監督を組織的に講じるべき義務」があったのにそれを怠ったと結論づけた。担任が建人に対する安全配慮義務を尽くしたとは言えない、ということだ。

そして、被告の加害生徒は民事上の、町は国家賠償法第一条により、県は国家賠償法第三条によって、それぞれ賠償責任があるとしたのであった。

まとめると、津久井町いじめ自殺事件の横浜地裁判決では、加害生徒については、いじめや悪ふざけなどでの「共同不法行為」とそれにともなう自殺の因果関係を認めた。また、学校側には、自殺に結びつく予見可能性も、安全配慮義務違反もあったことが認められたのである。

自殺などの重大な結果を、まわりの子どもやおとなが予見できるかどうか。いじめなどによって児童生徒が自殺した場合、現在の裁判では、この予見可能性が重要な争点となる。先に紹介したいわき市の自殺事件の裁判では、学校側の自殺の予見可能性は重視されていない。第二に取りあげた中野富士見中の自殺事件の裁判では、予見可能性が認められなかった。この事例ではじめて、自殺の予見可能性が裁判で認定されたのであった。

4 文部行政を動かした事件——西尾市・中学二年のいじめ自殺

想像を絶するいじめ

津久井町のいじめ自殺が起きてから四カ月が経過した一九九四年一一月二七日、愛知県西尾《にしお》市でいじめ自殺が発生した。亡くなったのは中学二年の清輝《きよてる》（享年一三）。自宅裏の柿の木にロープをかけ、首を吊って自殺した。

いじめに関わった加害生徒は一一人。主犯格の生徒と清輝とは、小学校からの遊び仲間だった。小学六年のときに同級生三人が決闘して、一番弱かったのが清輝だった。そのときから、いじめがはじまる。

中学校に入ると、カバンを隠されたり、顔にあざをつけられたり、自転車の泥除けを壊されたりした。現金を要求されるようにもなった。二年になると、清輝の成績が落ちはじめる。表情も暗くなった。教師からの評価も悪くなる。いじめはエスカレートしていった。女子生徒の前で自慰行為をさせられるという性暴力もあった。

遺書には家族への感謝とともに、いじめの内容が書かれていた。以下、一部を引用する。

いつもいつも使いぱしりにされていた。

それに自分にははずかしくてできないことをやらされたときもあった。そして強せい的に、髪をそめられたことも。でも、お父さんは自分でやったと思っていたので、ちょっとつらかった、そして20日もお金をようきゅうされて、つらかった。

あと、もっとつらかったのは僕が部屋にいるときに彼らがお母さんのネックレスなどを盗んでいることを知ったときは、とてもショックでした。あと、お金をとっていることも……。

自殺理由は今日も、4万とられたからです。そして、お金がなくて、「とってこ《ママ》ませんでした」っていっても、いじめられて、もう一回とってこいっていわれるだけだからです。そして、もっていかなかったら、ある一人にけられました。そして、そいつに「明日、『12万円』もってこい」なんていわれました。そんな大金はらえるわけ、ありません。それに、おばあちゃんからもらった、千円も、トコヤ代も、全て、かれか《ママ》にとられたのです。そして、

トコヤは自分でやりました。とてもつらかたったでした。（23日）

また今日も1万円とられました（24日）

そして今日は、2万円とられ、明日も4万円ようきゅうされました（25日）あと、いつも、朝はやくでるのも、いつもお茶をもっていくのも、彼らのため、本当に何もかもがいやでした。

なぜ、もっと早く死ななかったかというと、家族の人が優しく接してくれたからです。学校のことなど、すぐ、忘れることができました。けれど、このごろになって、どんどんいじめがハードになり、しかも、お金がぜんぜんないのに、たくさんだせといわれます。もうたまりません。最後も、御迷惑をかけて、すみません。忠告どおり、死なせてもらいます。でも、自分のせ《ママ》にされて、自分が使ったのでもないのに、たたかれたり、けられたりって、つらいですね。

僕は、もう、この世からいません。お金もへる心配もありません。一人分食費がへりました。お母さんは、朝、ゆっくりねれるようになります。○○（弟）も勉強にしゅうちゅうできます。いつもじゃまばかりしてすみませんでした。しんでおわびします。

清輝の自殺から六日後となる九四年一二月三日の夜、ＰＴＡの臨時役員会が開かれた。校長は「このような事態を招き、力不足で申し訳ない」と謝罪した。五日には、法務局人権擁護部と法務局西尾支部は、実態把握のために西尾市教委から事情を聴くなどの調査をはじめた。

また、六日の市議会定例会で、教育長が「教師の未熟さ、情熱がなかったということが、こういう事態につながった」などと謝罪した。さらに、市教委や学校側の責任についても認め、「清輝君を死に追いやった数々の出来事を解明し、霊前に供え、再びこうした悲劇が起こらないよう中学校を立てなおすことが遺族への一番の償い」とコメントした。衆議院でも八日、文教委員会でこのいじめ自殺が審議され、参議院でも閉会中審査をするなど、国を巻きこんだ事態に発展した。

西尾市のいじめ自殺は、民事裁判にはならなかったが、全国に波紋を広げることとなった。遺族は一七年後のインタビューで「裁判も考えました。しかし闘って生きるより、訪ねて来てくれる子たちとの時間を大切にしたいと思いました。あの四人がいなければ、あの中学にかよっていなければ、という気持ちは今も変わりませんが……」と答えている（朝日新聞、二〇一二年八月八日付）。

文部省が動いた

一九九四年一二月九日、文科省は初等中等教育局長の私的諮問機関「いじめ対策会議」で、西尾市のいじめ自殺について集中的に話しあった。会議では、「いじめ・登校拒否対策委員会」が機能していないことが指摘され、「緊急アピール」として以下の六つが提言された。

1　いじめがあるのではないかとの問題意識を持って、すべての学校で直ちに学校をあげて総点検を行うとともに、実情を把握し、適切な対応を取る。

2　学校・家庭・社会は、社会で許されない行為は子どもでも許されないとの強い認識に立って子どもに臨むべきであり、子どももその自覚を持つ。

3　子どもが、必要なときにはすぐに親や教師に相談することができるよう、子どもと親や教師との信頼関係を深めることが大切だ。

4　家庭は、いじめの問題の持つ重さと家庭の教育の重要性を再認識し、子どもの生活態度を見直してみる。

5　学校は自らの責任を深く自覚するとともに、学校だけで解決できない場合もあるので、地域社会や関係行政機関との連携・協力を求める。

そして、九四年一二月一六日、文科省は各都道府県教育委員会、各都道府県知事、そして附属学校を除く各国立大学長あてに、「いじめの問題の解決のために当面取るべき方策等について」という通知を出した。

まず、「通知」がいじめをどう認識しているのかを見てみよう。

（一）『弱い者をいじめることは人間として絶対に許されない』との強い認識に立つこと
（二）いじめられている子どもの立場に立った親身の指導を行うこと
（三）いじめの問題は、教師の児童生徒観や指導の在り方が問われる問題であること
（四）関係者がそれぞれの役割を果たし、一体となって真剣に取り組むことが必要であること
（五）いじめは家庭教育の在り方に大きな関わりを有していること

学校の取りくみとしては、以下の項目をあげている。

（一）実践的な校内研修の実施や養護教諭の積極的な位置付け、保健主事の役割重視などの、実効性のある指導体制の確立
（二）児童生徒が自己存在感を持てる学校経営など、事実関係の究明といじめる児童生徒に対する適切な教育的指導
（三）日々の触れ合いを通じた教育相談的活動の充実
（四）積極的な生徒指導の展開

（五）家庭・地域のより良きパートナーとしての努力

このほか、教育委員会や家庭、国の取りくみについてもそれぞれ取りあげているが、当時から提言されていながら、現在も十分に取りくまれていないのは「相談支援体制」の充実である。相談時間の工夫や担当者の質的向上、家庭の教育力の活性化への支援、教員研修の効果的実施など、当時の課題としてあげられていることは、ほとんど現在も解決されていない。

相談支援体制に関する理想的なお題目が並んではいるものの、私には現代日本の教育体制がこれらのお題目を隅に置いてしまっているように見えて仕方がない。

さて、清輝の自殺に関して、加害生徒への対応を記しておこう。四人が名古屋少年鑑別所に収容された。名古屋家裁岡崎支部（筒井建夫《つついたてお》裁判長）は九五年四月、恐喝などの非行事実を認定して三人を初等少年院に、一人を教護院に送る保護処分の決定を言いわたした。初等少年院に送られることになった三人のうちひとりは決定を不服とした。だが、九五年五月、名古屋高裁（土井考二《どいこうじ》裁判長）は抗告を棄却した。

また、九五年三月、県教委は関係者を処分した。校長は減給三カ月、教頭は戒告処分、担任教諭と生活指導主事、学年主任は文書訓告処分とした。

5　ふたつのいじめ自殺に文科省が注目した理由

二〇〇六年になると、ふたつのいじめ自殺が注目され、文科省のいじめの定義に影響を与えることになる。教育委員会の隠蔽体質や教師の不適切な言動が注目されたのである。

この年、北海道と福岡で起きたいじめ自殺について、文科省は現地に職員を派遣し、調査をした。第一が北海道滝川《たきがわ》市で小学六年の女子が自殺した事件、第二が福岡県筑前町《ちくぜんまち》で中学二年の男子が自殺した事件だ。

滝川市・小六いじめ自殺

〇五年九月九日、北海道滝川市で小学六年の理香《りか》（仮名、享年一二）という女子が教室で首つり自殺をはかり、一時は命を取りとめたものの、〇六年一月六日に死亡した。

教室の前方に設置された教師用の机のうえには、七通の遺書が置かれていた。宛先は「学校のみなさんへ」、「六年生のみなさんへ」、「おかあさんへ」、「おじちゃんへ」、ほかの三通は個別の児童にあてたものであった。

朝日新聞などの報道によると、七月上旬の席替えでは「隣になった子がかわいそう」と発言した男子がおり、そのことを理香が担任に訴えていた。また、自殺の一〇日前におこなわれた修学旅行の部屋決めのとき、理香がどのグループに入るかをめぐって三回ほど話しあいが持たれた。いずれも担任は指導をしており、解決していたと考えられていた。

以下に引用する「学校のみんなへ」と題した遺書は、〇六年九月に遺族がマスコミに公表したものだ。

この手紙を読んでいるということは私が死んだと言うことでしょう。

私は、この学校や生とのことがとてもいやになりました。それは、3年生のころからです。なぜか私の周りにだけ人がいないんです。5年生になって人から「キモイ」と言われてとてもつらくなりました。

6年生になって私がチクリだったのか差べつされるようになりました。それがだんだんエスカレートしました。一時はおさまったのですが、周りの人が私をさけているような冷たいような気がしました。

滝川市教育委員会（市教委）は、理香の自殺未遂といじめとの関係に否定的であった。〇五年一一月二二日、理香の遺書について、市教委は記者会見で「遺書ではなく『手紙』である」と説明した。のちにこれが問題となり、教育長は辞職、市教委幹部が更迭された。さらに、北海道教育委員会は翌年、原因究明に積極的ではないとして校長を懲戒処分とし、教頭と担任を訓告処分とした。

市教委は、〇六年一〇月二日の会見でも「いじめがあったとは考えていない」と答えていた。ところが、会見から三日後の一〇月五日の市議会文教常任委員会では、市教委は「遺書の内容を踏まえ、いじめであると判断する」とした。対応が一転した原因は、全国から批判が殺到したことによる。また、一〇月三日には、伊吹文明《いぶきぶんめい》文科大臣（当時）が記者会見で「子どもがそういうことを訴えていたということを公表せずに、握りつぶすようなことはあってはならないことです」と批判していたことも影響した。

この事件で遺族は〇八年一二月、北海道と滝川市を相手に札幌地裁（中山幾次郎《なかやまいくじろう》裁判長）に提訴し、一〇年二月に和解が成立した。裁判上の和解がなされた場合に記載する和解調書で、理香に対するいじめの多くが明らかになっている。とりわけ、自殺の予見可能性については、以下のように認定された。

女子は小三のころから長期間にわたって同級生に仲間はずれにされるようになり、修学旅行にいくころには、その仲間はずれはより顕著なものになっていったが、担当教諭らは女子が同級生に仲間はずれにされていると認識していなかったと認められる。

しかし、担当教諭らが女子を注意深く観察し、おたがいに情報を共有していれば、担当教諭らは女子が同級生にいじめられていたことを認識することができたはずである。よって、この点自体に過失があったというべきである。そして、仮に担当教諭らがそのことを認識していたら、場合によっては被害女子が自殺することも充分に予見することができた。（以下略）

学校や市教委の調査報告義務違反についても、「遺族は、校長や教育長らの報告及び説明により、さらなる精神的苦痛を受けたことが認められる」として、被告らが連帯して二五〇〇万円を遺族に支払う義務を認めた。

福岡・中二いじめ自殺

〇六年一〇月一一日、福岡県筑前町の町立中学校二年の晃《あきら》（仮名、享年一三）という男子が、自宅の納屋で首を吊って自殺した。祖父が見つけた。制服姿のままだった。

上着のポケットのなかと納屋の床、そして学校の美術室に遺書が残されていた。「いじめられてもう生きていけない」「生まれかわったらディープインパクトの子供で最強になりたいと思います」とも書かれていた。ディープインパクトとは、〇五年に無敗で三冠を達成した競走馬の名前である。

自殺後に開かれた町議会文教厚生委員会で、筑前町教育委員会（町教委）はいじめがあったことを認めた。しかし、「まだ調査中」としたうえで、いじめについて「町教委としては事前に把握していなかった」とも説明した。他方、福岡県警は遺書の内容から、いじめを苦にした自殺との見解を示していた。

自殺した一一日の授業中や休み時間に、「自分は死ぬんだ」「死にたい」と晃は友だちに話している。美術の授業では、スケッチブックに「いじめが原因です。いたって本気です」と書いていた。放課後、加害生徒七人が連れこんだトイレで、晃は「死んでやる」と話している。加害生徒は晃のズボンを脱がせようとしたのだ。このときの状況を、晃の母親は私にこう語っている。

「自殺当日、致命的な出来事がありました。息子は『死んでやる』と言ったそうですが、同級生にトイレで囲まれ、『こいつ死ぬんだって。最後だからズボンを脱がせよう。明日は来るなよ』と言われたのです。いつもは息子が先に帰るのですが、その日はまだ帰宅していませんでした。心配になってゲームセンターなどを探しました。同級生に電話すると、『死んでやる』と言っていたことがわかりました」

晃が中学一年のときに、教師からのいじめを受けていたことも明らかになった。調査によると、友だちが落とした消しゴムを晃が拾ったときに、当時の担任が晃に対して「お前は偽善者にもなれない偽善者だ」と意味不明なことを言った。また、中学一年の一学期、早退した晃がインターネットのサイトを見ていることを母が担任に相談したところ、担任がその相談内容を同級生に漏らした。

この担任は、ほかの生徒に対しても、授業中に「お前は太っているから豚だね」などと身体的特徴を指摘してからかっていた。こうした担任の差別的な態度は、教師から生徒へのパワハラだとも言えるし、子ども同士のいじめに影響を及ぼした可能性も否定できない。

校長は担任とともに一〇月一四日、一五日の両日、遺族と面会するために晃の家を訪問した。その際に交わした会話の内容が、晃の両親によって一五日に明かされた。

担任は、生徒たちに晃の母親からの相談内容を漏らしたことや、晃に対して「偽善者」と言ったことなどを認めた。「晃を集中的にいじめたのではないか」との両親の問いに対して、それを認めたうえで、「からかいやすいというのはありました」と理由を説明した。校長は面会後の記者会見で、「教諭の言動で、その子がまわりから見られる人間像が作られた。そのことによっていじめが生まれ、自殺に至ったと考えている」と話した。

一〇月一五日の夜には、保護者会が学校で開かれた。そこで校長は「先生によるいじめがあったとの認識で調査を進めていきたい」と説明した。翌一六日の朝には全校集会を開き、「先生たちが手を抜いてしまった。乱暴な言葉や甘えがあった」などと話し、校長は生徒たちに謝罪した。

ちなみに、葬儀の際に加害生徒たちは、携帯電話のカメラ機能を使って晃の棺桶のなかを撮影をしようとした。その利便性を誇りながら爆発的に普及した携帯電話は、このようにいじめや中傷、いたずらなどを目的に使用されるツールともなる。

学校は、校内におけるいじめの全容を把握をするために、生徒からの聞きとりやアンケート調査を実施した。「いじめがあった」という認識で、学校側は調査したのである。同時に教師による生徒へのいじめについても、調べ方を試行錯誤しつつ、アンケートを実施した。

アンケートは、晃の自殺の翌日（一〇月一二日）に実施された。全生徒を対象に、はじめは記名式でおこなわれ、二度目は一〇月一六日の全校集会後に無記名式で実施した。教師による生徒へのいじめに関しては、「先生に考えてもらいたいこと」などと遠回しな表現で問われていた。その点について校長は同日午後、不備を認めた。こうして、学校側と遺族の話しあいのあと、同じ日の放課後に三度目のアンケートが生徒に配布されることになった。

では、アンケートで何が判明したのか。一回目の結果では、学校がいじめを把握しておきながら解決したことにして、町教委には「〇件」と報告していたことが明らかになった。学校には、いじめを隠そうという意図があったと見られても仕方がなかろう。二回目のアンケートでは、教員による生徒への暴力があったことがわかった。

福岡県教育委員会や町教委の報告を元に文科省がまとめた「福岡県筑前町における中学生の自殺事件について」という資料では、晃については「まわりから相手にされない」「トイレでズボンを下げられそうになったことがある（亡くなった日の六校時終了後）」「あだなでのひやかし」などが指摘された。

また、不適切とされている（一年生時の）担任の言動については、「成績を『いちご』の品種に喩え、当該学年・学級の生徒を1『あまおう』、2『とよのか』、3『ジャム』、4『出荷も出来ないいちご』とランク付けをしていた」ことなどが指摘されている。

私が遺族から聞いた話によれば、アンケートのあとで晃の同級生が遺族に、「先生がからかうようなことをしているから、自分たちもいいと思った」と話したとのことだ。教師の振るまいが生徒間のいじめに影響していた、ということであろう。

一一月七日に町教委が設置した調査委員会が開かれた。委員は七人。大学教授ら学識経験者三人、県PTA連合会会長、児童相談所長、人権養護委員、保護司。遺族は、みずからが指名した有識者が参加できるように配慮を求める要望書を提出したが、認められなかった。

二月一二日、調査委は中間報告をまとめた。生徒が入学当初から自殺直前まで複数の生徒から「いじめに類する行為」を受けていたという内容だった。その行為をきっかけに死へ追いこまれていった可能性を指摘した。だが、担任の不適切な言動については、「自殺のきっかけ」となっていないという見解を示した。

二月二八日に示された最終報告のなかでは、いじめに相当する行為が自殺に至るほどの精神的苦痛を与えたことは認めつつも、加害者とされる生徒たちの行為の「からかい」や「冷やかし」がすべて「いじめ」とは判断できないと指摘している。しかも、教職員も保護者も同列の立場に位置づけるかのような表現で、両者ともにいじめを認識していなかったとした。

いじめの「定義」が変わる

いま述べたふたつの事件をを含め、いじめ自殺が絶えないことから、二〇〇六年から文科省のいじめの定義が変わった。

文科省は、「児童生徒の問題行動・不登校等生徒指導上の諸課題に関する調査」を全国規模で毎年おこない、いじめの調査をしている。この調査における「いじめの定義」が、〇六年に変わったのである。「個々の行為が『いじめ』に当たるか否かの判断は、表面的・形式的に行うことなく、いじめられた児童生徒の立場に立って行うものとする」としたうえで、以下のように定義している。

「いじめ」とは、「当該児童生徒が、一定の人間関係のある者から、心理的、物理的な攻撃を受けたことにより、精神的な苦痛を感じているもの」とする。

【一九九四年度の定義】と比較してみると、「一方的に」「継続的に」「深刻な」といった文言が削除され、「いじめられた児童生徒の立場に立って」「一定の人間関係にある者」「攻撃」などについての注釈が追加されたことがわかる。

こうして文科省がいじめに対して真剣に取りくみはじめたものの、いじめやそれにともなう自殺・不登校は、その後も社会問題として話題になり続けるのであった。

6　私学はいじめとどう向きあっているのか――愛知県・高校二年のいじめ自殺

この章の最後に、私立学校が児童・生徒のいじめにどう対応しているのかを確認しておこう。そこには、「私学の自主性」を建前にした、公立学校とはまったく異なるいじめとの向きあい方が見えてくるのだった。

私学の自主性とは

美桜子《みおこ》（享年一六）は、名古屋経済大学市邨《いちむら》中学校（市邨中学）にかよっていた。そして、二〇〇六年八月一八日、高校二年のときに自宅マンションから飛びおりて亡くなった。中学時代のいじめによって、精神的な病を抱えていた。母親の典子《のりこ》は、〇九年八月一一日、学校を運営する学校法人「市邨学園」や理事長、校長、担任、加害生徒八人とその保護者一五人を相手にして、名古屋地裁（長谷川恭弘《はせがわやすひろ》裁判長）で民事訴訟を起こした。

公立の場合は、国家賠償法で公務員個人を訴えることができない。しかし、私立の場合は、民事上の契約のため、訴訟の対象として、学校設置者だけでなく学校関係者個人を含めることができる。

一〇年一一月五日、被告の加害生徒と保護者全員と和解。その後、一一年五月二〇日に名古屋地裁は、いじめの事実を認めるとともに、後遺症としての解離性同一性障害と自殺との因果関係、さらに自殺の予見可能性を認めた。画期的な判決だった。だが、一二年一二月二五日の名古屋高裁（林道春《はやしみちはる》裁判長）の判決では、いじめと解離性同一性障害との因果関係は認めたものの、それらと自殺との因果関係や予見可能性は認めず、判決は確定した。

市邨中学は私立の学校だ。そのため、生徒にいじめや自殺があった際、指導・助言する公的機関がない。私立の学校を監督するのは県になるが、公立学校のように教育委員会が担当するわけではない。知事部局が担当している。愛知県の場合は、私学振興室が担う。

つまり、私立学校法にもとづく「私学の自主性」の名の下に、事実上、県は何もできない状況になっている。典子はこうした状況をなんとか打開しようと、何度も県私学振興室や文科省に出向いた。国会議員にも面会した。

一三年三月二九日には、典子は大村秀章《おおむらひであき》愛知県知事に要望書を提出した。要望書では、判決が確定したことを受けて、「いじめの存在とその放置について教師・学校の責任が認められたことが特筆される」としたうえで、「第一、二審併せて六名の裁判官が市邨学園を断罪した」のであり、「真摯に反省すべき」としている。そして、公立学校と同様に私立学校のいじめ自殺の調査にも第三者調査委員会を設置することを望んだ。

さて、愛知県は第三者調査委員会の設置という要望にどう回答するのか。県知事は遺族との面談要望にどう対応するのか。県として学校にどう対応するのか。これらの点をクリアにする目的で、文科省児童生徒課が一三年一一月七日、県に文書を送った。

文科省はこれまで、私学のいじめ問題に対して「私学の自主性」を理由に踏みこんだ対応をしてこなかったし、監督する県に対して文書を送ったことはない。私立学校に関する事例について、文科省が県に文書を送ったこと自体が異例だった。

また、遺族の要望を放置する県の対応について、文科省が送った文書には「本年九月にはいじめ防止対策推進法が施行されたところであり、文部科学省としてもその趣旨等に鑑み、本件について誠実に対応いただきたいと考えている」などと書かれていた。

第三者調査委員会の設置要望については、「既に裁判により、いじめ事件の事実関係が明らかにされ、判決も確定していることから第三者委員会の設置は難しいと考えています」と回答した。また、市邨中学の所轄長である県知事に遺族が面会を要望していることについては、「気持ちは十分に理解できますが、いじめに関する事実関係は裁判で明らかにされている中で面会するという対応は考えていない」と答えた。

同じ時期に遺族は、理事長と市邨中学の校長に要請書を提出した。この要請に対して校長は、手紙で「私個人といたしましては、申し上げることはございません」として、要請書に同封した資料などを遺族に送りかえしてきた。

一四年八月二二日、文科省は「初等中等教育局児童生徒課」と「高等教育局私学部私学行政課」の連名で、典子に文書を送っている。そのなかで、文科省としてはいじめ防対法の趣旨を踏まえて、愛知県私学振興室への働きかけをおこなってきたと説明している。そして、都道府県知事といじめ案件の「再調査」との関係については、以下のように記した。

現在、私立学校におけるいじめの問題については、いじめ防止対策推進法を踏まえ、都道府県知事は再調査等を行うことができる（国が自ら調査を行うことや知事の判断に対し是正を要求する等の権限は有していない）。

ようは、いじめ防対法ができたことで、都道府県は私立学校のいじめの調査ができないわけではないとしながら、あくまでも調査を「行うことができる」のであって、「行う」や「行わなければならない」という義務規定ではないと言っているのだ。このあいまいな記述のために、各都道府県の知事によって判断が別れることになる。

こうした流れのなかで、八月二八日に典子は河村《かわむら》たかし名古屋市長と面談し、いじめの原因究明や再発防止のための第三者調査委員会の設置を県に求めるように要望した。しかし、いまだ実現には至っていない。

ここまで、私立学校でいじめが問題になった場合、いかにその調査が困難なのかを述べてきた。以下では、美桜子がどんないじめ被害にあったのかを振りかえることで、調査の必要性について考えてみたい。

理事長が「組合や共産党のやり方だわ」と遺族に

自宅の二階には美桜子の仏壇があり、隣には幼いときからの写真と花が飾られている。いまでも同級生が手を合わせに訪れる。また、美桜子が生前、追いかけていたバンドのライブに、典子は出かけている。会場で美桜子のライブ仲間とも会う。しかし、まだ現実を受けいれられないため、日頃は仏壇に手を合わせることはない。

美桜子は、カナダ人の父親と典子とのあいだに生まれた。一歳半のとき、両親は離婚して、典子はシングルマザーとなる。カナダで暮らしていたが、四歳のとき帰国した。典子は、美桜子がかよっていた市邨学園が運営する短大で、教員として勤めることになる。

中学一年の二学期のころ、「体調が悪い」と言って美桜子は登校を渋った。そして、「いじめられているから行きたくない」「もう市邨だけはいやだ」と告げた。事態を重視した典子は、美桜子を公立中学校に転校させた。

転校先の中学やかよっていたフリースクール、進学先の私立高校では、いじめはなかった。しかし、市邨中学にいたときのいじめの後遺症として、ＰＴＳＤや解離性同一性障害と美桜子は診断されることになる。

美桜子はパニックになると声が出なくなり、そんなときは典子と筆談をしていた。そのメモが残っている。

美桜子「もうだめ　しにたい」
典子「このままじゃいつまでたっても、ふつうの女の子に戻れないじゃない」

○六年八月一八日、典子が用事で家を空けた夜、美桜子は自宅マンションの八階から飛びおりて死亡した。自宅のテーブルには、破かれたノートが残されていた。典子と友人にあてた「遺書」のようなメモだった。

まま大好きだよ。みんな大好きだよ。愛している。でもね、もうつかれたの。みおこの最後のわがままきいてね。こんなやつと友ダチでいてくれてありがとう。本当にみんな愛してるよ。でも、くるしいよ。

私が取材した際、典子はメモを見ながら、「ママはマブダチだよ、と言われていた」と振りかえった。なんでも話ができる親子関係だった。とはいえ、「ママにだって言っていないいじめもある」と美桜子が言うことがあったという。市郎中学時代に何があったのだろう。

そして、本項の冒頭で述べたように、〇九年八月、いじめの対応が不十分だとして、市邨学園や理事長、校長、担任、加害生徒、保護者を相手に、典子は名古屋地裁で損害賠償訴訟を起こした。

一一年五月の判決によると、美桜子がクラスメイトと言いあらそいになったり、ケンカをすることはあった。部活で仲間はずれにされていることを知った典子が、加害生徒のひとりに電話をして注意したところ、その加害生徒は「わかりました」と応えた。だが、そのあとの部活の練習中、美桜子の制服のスカートが何者かによって切られていた。そして、美桜子とクラスメイトのあいだにはトラブルが続いた。では、どのようなトラブルがあったのか。

判決では、「相当の精神的苦痛を与える悪質かつ陰湿な行為」で、「美桜子に耐え難い精神的苦痛を与え、心身に異常を生じさせるのに十分な行為」であり、「優に違法性を肯定することができる」ものとして、事例が列挙された。いくつか転載してみよう。

・美桜子を避けたり、仲間外れにしたり、シカト（無視）したりした。
・毎日のように、教室のロッカーの近くに集まるなどして、美桜子に対し、「ウザイ」「キモイ」「死ね」「ニキビ」「反吐がでる」などと繰り返し言った。授業中の美桜子の発言に、「今日もうざいんだけど」「うるさい」などと言うこともあった。
・授業の合間に、机の上に置いてある美桜子の教科書やノートに「ウザい」「キモイ」「死ね」と書いたり、椅子の裏側に「死ね」とチョークで書いたりした。
・教室を掃除する際、美桜子の机の下にわざとごみを集めて、周囲を汚くした。
・黒板に美桜子の顔を書いて、それに向かってスリッパを投げつけた。
・靴箱に入れてあった、美桜子の靴の中に画びょうを入れた。
・終了式の日、美桜子が登校すると、ある生徒が「臭いから空気の入れ替えをする」などと言い、教室の窓を開けた。

こうした事態を知った典子は、学園側に相談しようと思い、美桜子とともに理事長室を訪ねた。美桜子を別室で待機させたうえで、典子が理事長と面談。総務部長も同席した。このとき典子は、六人の加害生徒にいじめられていることや、学校へ行くのをいやがっていることを伝え、「早急に対応してほしい」と申しいれた。すると、理事長はこう応えた。典子のメモから引用しよう。

いちいち子どものいうことに耳を真剣に傾けることが原因であることがわからんか。あんたはこの問題に興味持ちすぎ。
子どもが傷つくのはたいしたことではない。頭ピシャッとたたいて、首になわつけて送ってくればいい。

こちらの親切がなぜわからん。

さらに、典子が発言のメモを取っていると、理事長は「好きにやってくれ。組合や共産党のやり方だわ」と述べた。

学園側とこのようなやりとりをしたあと、美桜子は別の中学へ転校した。

隠蔽の仕組みを知りたい

転校するとすぐに、美桜子は頭痛や腹痛などの症状を訴えはじめた。小児科を受診したり、学校の保健室を利用するようになる。養護教諭には、市邨中学時代のいじめについて話していた。そして、いじめの光景について、ビデオカメラを通じて見ている感覚だとも語っている。

その後、本格的に体調が悪化し、フリースクールへ行くことになる。このころ、かかりつけの精神科医には「自分の居場所がない。学校が怖い」「友だちとのズレを特に感じてしまう」などと話している。PTSDなどの診断を受けたのは、このころであった。

高校へ進学してみると、美桜子は「学校へ登校したら、市邨のときに受けたいじめが幻覚で出てくる」などと典子に話すようになる。保健室の前で意識を失い、救急搬送されることもあった。当時、精神科医はカルテに「日常生活が困難になる『解離性障害』の状態が合併している」と記載した。

その後、美桜子は大量服薬やリストカットなどの自傷行為（判決では「自殺未遂」）を四回ほどおこなっている。自殺願望が強かったので、自殺を防止するため医療保護入院をした。

そして、美桜子が自殺した〇六年八月一八日。この日、持病の検査のため、典子は入院することになった。代わりに美桜子の友だちが、見守りを兼ねて泊まりにくるはずだった。しかし、友だちは悪天候のため来れなくなった。ひとりで過ごすことになった美桜子は、その日の夜、自宅マンションの八階から飛びおりた。

では、美桜子のいじめ自殺に関して、教師の安全配慮義務は果たされていたのであろうか。前述のとおり一一年五月二〇日に名古屋地裁がくだした判決は、以下のように学校関係者が安全配慮義務に反していたとしている。

当時、いじめに関する新聞テレビの報道等によって、学校内におけるいたずら悪ふざけと称して行われている児童や生徒同士のやり取りを原因として、中学生等が自死に至った事件が続発していることが既に周知されており、中学生等がいじめを契機として精神疾患や自死等に至るおそれがあることは、公知の事実であったというべきであり、いわゆる学校関係者である被告らがこのような事実を知らないはずはなく、仮に知らなかったとすれば、それ自体、学校関係者としての責任の自覚が欠落していたことを示すのと言わざるをえない。

そのうえで判決では、今後のいじめ案件において、学校や保護者がとるべき具体的な対策を以下のように示した。

・トラブルに関係した生徒及びその保護者からの情報収集等を通じて、事実関係の把握を正確かつ迅速に行う。

・現場の教員の目の届かないところでいじめが行われるのを避けるために、トラブルの当事者以外の生徒からも事情を聞く。

・加害者側の生徒に対し、生徒間での行為でも、いたずらや悪ふざけに名を借りた悪質で見過ごし難いものであり、時として重大な結果が生じるおそれがあることを認識、理解させ、直ちにやめるように厳重な指導を継続する。

・いじめについてのアンケート調査を実施したり、道徳の時間やホームルームの時間にいじめを取り上げ、クラスでの討論、発表等を通じて、クラスの生徒全体にいじめに対する指導を行う。

・生徒間でのトラブルについて、学年会に報告し、学年会で指導方法について協議して、複数の教員と意見交換したりするなど教員相互間の共通理解を図る。

判決は、八人の加害生徒について、自分たちの行為によって美桜子が心身に大きなダメージを受け、場合によっては自殺という結果をまねくことは「予見することも十分可能であった」とした。また、加害生徒に対して学校が適切な指導をしていれば、「美桜子が絶望感を持つこともなく、解離性同一性障害に罹患し、本件自死に至ることもなかった」とした。学校側が指導の義務を怠り、組織的な対応をしていなかったことを認めたのである。

この判決は、いじめを認定し、いじめの後遺症としての解離性同一性障害や自殺との因果関係、さらに自殺の予見可能性まで一連のことを認めた画期的なものであった。

しかし、学園側は控訴。名古屋高裁の判決では、「いじめ」と「後遺症としての解離性同一性障害」との因果関係を認めたものの、「解離性同一性障害」と「自殺」の因果関係や、「自殺」の予見可能性は認めなかった。ようは、いじめから自殺まで年月があったので、いじめだけが自殺の原因とは言いきれない、との判決だった。

現在、典子は死亡見舞金の給付をスポーツ振興センターに申請している。給付には、学園側が美桜子の自殺といじめの因果関係を認める必要がある。だが、高裁判決が因果関係を認めなかったため、学園側も因果関係を認める「事由がない」としている。この件に関する私の電話取材に、市郁中学は「当時の職員がいないので、詳細はわからない」と回答した。

典子は私に「娘の尊厳が回復されていない。知りたいのは隠蔽の仕組み」と語った。美桜子と同じような状況に置かれる子どもを出したくない。そんな思いで、典子はいまも奮闘している。

第三章

終わらない「いじめ自殺」

注目されるいじめ自殺事件が起こるたびに、文科省のいじめの定義は変わってきた。

一九八六年の中野富士見中いじめ自殺のころから、いじめとは何なのかを文科省という国の機関が定義した。そのなかでは、おもに①一方的であり、②継続的であり、③深刻な苦痛を感じており、④学校が認識していることが、いじめと認定されるための条件であった。

この定義は、一九九四年に変更となる。契機となったのは、西尾市いじめ自殺であった。八六年の定義から大きく変わった点は、学校が認識しているかどうかを問わなくなったことである。

さらに、二〇〇六年にも定義が変わっている。滝川市小六いじめ自殺と福岡県筑前市中二いじめ自殺などの発生を受けて、文科省が動いたのであった。

定義は大幅に見直された。これまでのものから「一方的」「継続的」「深刻な」といった言葉が削除されたのだ。つまり、深刻でなくても、精神的な苦痛を感じればいじめと認定されることになった。

ここからは、〇六年以降のいじめ自殺事件を振りかえる。

定義が変わったことが、いじめ自殺の防止や対策にどれだけ影響したのかを、事例の紹介を積みかさねることで確認したい。

1　友人を助けるためにみずからを犠牲に——川崎市・中学三年のいじめ自殺

硫化水素

二〇一〇年六月七日一四時ごろ、川崎市麻生《あそう》区の自宅一階のトイレ内で、中学三年の真矢《まさや》（享年一四）が亡くなった。練炭で硫化水素ガスを発生させての中毒死だった。私が自宅を訪れた一六年二月一四日の時点で、トイレには目張りの跡が残る。

その日、母親の真紀《まき》がパートから帰ったのは一六時過ぎだった。トイレのドアに紙が貼られており、「毒ガス発生。扉を開くな　即死するので絶対に扉を開かないでください」と書かれていた。真紀は、鍵がかけられていたドアをドライバーでこじ開ける。目の前に真矢が横たわっていた。

真紀は気づかなかったが、トイレのなかには遺書があった。警察が見つけた遺書の冒頭には、「お父さん、お母さん、お兄さん、婆さん。先立つことをどうかお許し下さい」と書かれていた。父親の宏明《ひろあき》は、静岡県に単身赴任中だった。六月七日一七時過ぎに電話で真矢の事件を知り、車で自宅に向かった。着いたのは一九時前。警察の規制線が張られていた。続いて、病院から電話があり、真矢が亡くなったことを知る。

両親は、自殺の明確なサインを真矢から受けとることができなかった。携帯電話を持っていなかった真矢は、リビングにあったパソコンで自殺の仕方を検索し、硫化水素の発生方法も調べていた。あとで知ったことだ。「亡くなる一カ月前に自殺の方法を検索していたようですが、本人は〝死〟に関して口にしていません。いきなり死なれた感じです」と宏明は語る。

硫化水素を発生させる薬剤は、五月二九日に購入していた。亡くなった六月七日は月曜日だが、修学旅行の代休で、真矢は友人とカラオケに行く約束をしていた。

硫化水素ガスは猛毒だ。数年前から、この方法での自殺に関するニュースが多くなっていた。ただし、硫化水素ガスが外部に漏れた場合、自殺を発見した人や近隣住民に危険が及ぶ可能性がある。それだけ危険性のあるガスを発生させてまで、少なくともその瞬間、真矢は確実に死にたいという思いが強かったのであろう。

だからこそ、真矢は《扉を開けるな》と張り紙に書いた。しかし、見つけた真紀は、危険を考えることもなくマスクをしないまま、ガスを発生させたバケツを風呂場に移した。

トイレに残されていた遺書には、自殺の理由が書かれていた。

俺は「困っている人を助ける・人の役に立ち優しくする」それだけを目標に生きてきました。でも、現実は人に迷惑ばかりかけて、○○（筆者注…いじめられていた友人の名前）のことも護れなかった…それに俺には思い出が多すぎました。こんな俺が、人並みに生きて、友達を作って、人生を過ごしていく…そんなことがあっていいはずないんです。俺がいて不幸になる人は大勢いる。それと同時に俺が死んで喜ぶ人がいるはずです。でも俺は、〇〇をいじめた四人、A、B、C、D(筆者注…加害生徒四人の実名が書かれている)を決して許すつもりはありません。奴等は、例え死人となっても、必ず復讐します。

真矢の友人をいじめていた四人が名指しされており、その友人を救うことができなかったことを悔やむ内容だ。真紀が振りかえる。

「二年生のとき、友人がいじめられていることは聞いていました。でも、真矢が亡くなったのは三年のとき。この間、真矢のなかでは、いじめは終わっていなかったのです」

宏明は出棺のとき、「絶対、仇《かたき》をとってやる!」と叫んだ。

両親は学校へ出向いた。学校とのやりとりは不毛なものだったと宏明は言う。同席していた川崎市教育委員会(市教委)の職員は発言しない。市教委には、「調査委員会を作りました」と事後報告された。学校も市教委も、自分たちの知らないところで動いていた。

二〇二〇年現在、いじめ、またはいじめの疑いがある自殺が発生した場合は、いじめ防対法により「重大事態」と見なされて、学校か学校設置者が調査委員会を設置することになっている。しかし、一〇年前は違った。あくまでも任意だったのである。

六月一五日、学校や保護者、市教委、地域住民、有識者からなる「三年男子生徒死亡に関する調査委員会」(調査委)が設置された。市教委の職員は毎週末日、両親の元へかよった。当時の様子を宏明は、「こっちはもう戦闘モードでした。市教委がまともな調査をしないだろうと思っていたからです」と振りかえる。その後、きちんと調査しようという調査委の姿勢に、両親は少しずつ心を開いていった。

調査委は、まず聞きとり調査からはじめた。対象者は一〇〇人に及んだ。会合が開かれるたびに、市教委の職員は両親に内容を報告した。真矢の四十九日《しじゅうくにち》となる七月二四日には、中間報告が出た。その約三カ月後の九月四日に、最終報告が公表された。

自己犠牲

真矢は一九九五年七月に生まれた。幼いころは、地元のプロサッカーチームのジュニアチームに所属していた。小学四年で野球をはじめた。中学時代も野球部に所属した。背番号は「11」。補欠の選手だったが、「声出し番長」と呼ばれ、ムードメーカーだった。

生徒会の役員をやり、正義感が強かった。将来は警察官になりたがっていた。真矢の正義感に関するエピソードを真紀が振りかえる。

「小学校六年の修学旅行で子どもたちが騒いだとき、校長先生が『お前ら、静かにしろよ』と注意したことがあったんです。もちろん、騒いだのは子どもたちが悪い。しかし、真矢は『校長先生がそんな言葉遣いをしていいんですか?』と抗議しました。すると、校長先生は謝ったということでした」

調査委の報告書によると、真矢は「いじられキャラ」だった。二年生の五月ごろから、まわりからの「いじり」行為がエスカレートしていく。周囲には「やりすぎ」という声もあり、ふたりの生徒が担任にその情報を伝えている。担任は真矢に「大丈夫か？」と聞いたが、真矢は「大丈夫」と答えたという。この「いじり」について、担任は全体指導と個別指導をしたものの、効果がない。同じことが繰りかえされた。「いじり」の内容については、後述する。

真紀は中学二年の三者面談で、担任から「息子さんはいじられキャラ」と聞いている。意味がわからず、ほかの子たちを楽しませているのかと思っていたので、そのときは問題視しなかった。その後、帰宅したときに様子がおかしかった真矢に真紀が「学校で何かあったの？」と聞くと、「友だちが学校でいじめられているんだ」と答えた。「闘うのなら、一緒に闘いなさい」と真紀は助言した。

報告書によれば、友だちへのいじめは、真矢が中学二年の五月ごろから翌年三月まで続いた。いやがる言葉をあびせたり、頭を叩いたり、殴るなどの行為が続いていた。止めようとすると、加害者たちは真矢にも同じことをした。担任は、クラス内でいじめがあったことを把握していた。だが、真矢とその友だちが対象になっていることは知らなかった。

いじめられていた友人は、通夜の際に寄せたメッセージで、こう書いている。

中学校へ行って俺が困っている時に助けてくれたのは真矢だけだった。本当に本当に心強かった。みんな知らんぷりしている中で助けてくれて、言葉では言い表せない感謝の気持ちでいっぱいです。逆に真矢が困っている時に俺は助けてあげる事ができなくて本当にごめんなさい。

中学三年でクラス替えとなり、真矢と友だちへのいじめはなくなった。ただ、加害生徒は、ターゲットをほかの生徒に替えただけだった。

「報告書を見るまで、真矢へのいじめは知りませんでした」と真紀は言う。

体育祭の代休明けの一〇年五月一八日、きらっていた生徒の教科書を、真矢がカッターで切りきざむという事件があった。この〝教科書事件〟について、真矢は当初、担任に対して関与を否定する証言をしていた。しかし、その日の夕方、担任に電話をして、「よく思い出してみると、自分がやった。親には言わないでほしい」と自身の関与を認めた。

報告書によれば、担任は「保護者には伝えなくてはいけないことなので、まずは自分で話してごらん」と真矢に話した。数日過ぎても親には言えなかった。担任は真矢に気持ちを聞くと、「いままでに、いろいろと言われたりやられたりしたことがしゃくだった。自分だけではなく、ほかの人にもやっているので、ついやってしまった」と答えた。「ほかの人」とは、真矢の友人のことである。

のちに担任は、相手方の生徒に対して、真矢が謝罪する場を設けた。真矢に対して、これまでの相手方の行動（＝いじめ）への謝罪を求めるかを聞いた。すると、担任がその相手方を指導をすればいいと真矢は言った。

真矢を指導したことについて、担任は真紀に電話で伝えた。「積もり積もったものがあったようで」。それを聞いて、真紀は真矢に対し、「気持ちはわかるけど、やり方をまちがえちゃったね。どうして本人に直接言わないの？　真矢が悪者になっちゃうよ」と述べた。

真矢は「お母さんは偽善者だ。俺が全部悪い」と反発した。この〝教科書事件〟のあと、真矢は加害生徒たちから執拗な呼びだしを受け、詰問された。

報告書は、〝教科書事件〟について、以下のように記している。


真矢が年度当初「体育祭でやる気全開」と目標にしていた体育祭の練習がはじまり、その応援団長にE（筆者注…教科書をカッターで刻んだ相手方の生徒）がなったことで、否定的思いを抱いているEに協力せざるをえない状況になった真矢の中には、複雑な思いが生じていたであろう。真矢は、そのような思いをぶつける対象としてEの教科書を切り裂き、それを体育祭後に見つけたEが、自分自身を省みるような展開になることを想定し、行った行為だと推測することもできるだろう。

真矢は、加害生徒が〝教科書事件〟を契機にして、みずからの行動を反省することを望んでいたのかもしれない。

一方、報告書によれば、相手方の生徒が応援団長としてがんばったことに対して、真矢は「見直した」とも言っている。この時期、真矢の心は複雑に揺れ動いていたのである。

体育祭が終わってから、真矢は友だちに「燃え尽きて真っ白な灰になった」という漫画『あしたのジョー』の最後のシーンのセリフのようなメールを送っている。『あしたのジョー』の主人公・矢吹丈《やぶきじょう》が、世界チャンピオンのホセ・メンドーサと試合をして、判定負けとなったときのセリフだ。さらに、「俺が死んだとしても悲しまないでくれ」というメールを、同じ友だちに送っている。

ちなみに、真矢がアニメや漫画のセリフや考え方に影響を受けていたことは、報告書の「アニメの主人公やその主題歌への傾倒」という項目でも取りあげられている。

アニメ主題歌の歌詞をメモ用紙に書き写したものが、真矢の学習机のなかにあった。ほとんどが、アニメ『鋼の錬金術師』のオープニングソングのものだった。報告書には、「これらの歌詞に共通する一つの側面として、自分が意識的に持っている使命のような激しく強い思いとともに、それが叶わないことへの不安や焦りが歌われている点である」という記述がある。

自殺の前は、心理的な視野狭窄《きょうさく》になる。つまり、問題解決への選択肢が見えないくらいに追いつめられる。それでもなお、『鋼の錬金術師』と自分の生き方とを関連づけようとしている。その『鋼の錬金術師』には、様々なセリフがあるが、調査委が注目したのは次のようなものだ。

「痛みを伴わない教訓には意義がない」（『月刊少年ガンガン』連載開始時の冒頭のセリフ）
「人は何かの犠牲なしに何も得ることなどできやしない」（同、連載開始時の冒頭のセリフ）
「人間なんだよ　たった一人の女の子さえ助けてやれない　ちっぽけな人間だ」（コミックの第二巻）

また、真矢の遺書には、以下のような個性的な表現も含まれていた。

この一四年間楽しいこともたくさんありました。
春は桜が出会いを運び
夏は花火が夜空に消えて
秋は紅葉が空を染め上げ
冬は白雪が乾いた心を満たす
季節が過ぎていく中で色々ありました。それが全ての思い出となって心に残っています。

そして遺書の最後は、土佐藩士で幕末の四大人斬りといわれた岡田以蔵《おかだいぞう》の辞世の句「君がため　尽くす心は　水の泡　消えにし後は　澄み渡る空」で終わっていた。

真矢は、自分が犠牲になろうとしたのか。犠牲になることで、何を得ようとしたのか。友人がいじめられないようにすることを求めていたのか。

壮絶ないじめの実態

報告書は、亡くなった生徒の思考に近づこうと、本人の趣味や嗜好を分析し、行動や思考のパターンを理解しようとした。

今回のいじめについて調査委は、二〇〇六年の「定義」にもとづいて話しあった。大事な定義なので、繰りかえし確認しておこう。

「いじめ」とは、「当該児童生徒が、一定の人間関係のある者から、心理的、物理的な攻撃を受けたことにより、精神的な苦痛を感じているもの」とする。なお、起こった場所は学校の内外を問わない。

この定義を踏まえたうえで、次の点を重視したと述べている。

「自分がされて嫌だと思うような行為」はいじめであるということ、また、行為を行う側が複数であったり、集団化した際にはパワーバランスが大きく崩れるということを重視した。

さらに、行為を受けている側の反応のとらえ方として、強い訴えや拒絶の姿勢を示していなくても、弱さを示したくなかったり、家族に心配をかけたくなかったり、周囲の目を気にしたりして、無反応を装ったり、いじめを否定したりする事例が多いということも重視した。

また、報告書では、真矢が遺書に書いた加害生徒たちの実態についても指摘している。真矢は、四人の加害生徒に何をされたのか。

・背中を叩く。
・頭をはたく。
・肩にパンチをする。
・プロレスごっこ（戦いごっこ）のような形で接触をする中で、壁や床に押しつける。
・馬乗りになる。頬を叩く。蹴る。
・ズボン下ろし。
・パンツ下ろし。
・ある女子に対して、その女子がいやがる言葉を言ってこいと命じる。

これらの行為は、真矢が呼びだされたうえでおこなわれた。プロレスごっこでは、真矢がやり返していたとはいえ、真矢ひとりとほかの四人が闘っている。また、ズボン下ろしは、クラスの男子で一時的に流行っていた遊びで、真矢だけがやられていたわけではない。ただし、パンツまで下ろされたのは真矢だけだった。

そのため、麻生警察署のアドバイスで、パンツ下ろし事件に関して加害者四人に対する被害届を遺族が提出。一〇年八月には、四人のうち三人が「暴力行為処罰法違反」で書類送検。一人は一三歳だったため、非行容疑で児童相談所に通告した。一一年一月に三人の少年審判がはじまり、三月三日には保護観察処分（半年間程度）が決まった。

報告書では、加害生徒四人を含めて、真矢の周辺の一部の生徒による、真矢への心理的圧迫につながる行為について、「いじり」あるいは「お互いの遊び」と思っていたとしても、第一に力の優位性、第二に攻撃性・反復性、第三に真矢の内面への被害性から判断し、「いじめ」と認定した。こうした状態になった背景は、何だったのか。報告書は、こう分析している。

（1）「いじり」「いじられキャラ」という言葉によって、特定の生徒に対する他の者にはやらない行為を行うことを、集団として容認していた状態。
（2）その「いじり」行為を、周囲ではやしたてたり笑って見ていたりした状態。
（3）その状態を傍観的に見たり、あるいは見ようとしなかったような状態。
（4）その状態や行為に問題点を感じながらも、その解決に向けて行動を起こさなかった、あるいは起こせなかった状態。

（5）その状態や行為に気づかなかった教員をはじめ大人集団の状態。

学校内がそのような状態であったととらえ、その状態をいじめとして認定したのである。

不十分だった生徒指導

学校は、いじめを認識できずにいた。その理由のひとつに、生徒指導上の問題が生じたときの、学校の対応が不十分であったことが、報告書にあげられている。たとえば、〝教科書事件〟の際は、当初から真矢の名前があがっていたため、呼びだした。しかし、真矢自身は否定したことで、両親に話すタイミングが遅れたかたちになった。担任は真矢に謝罪させたあとに、母親に電話をした。

その電話で真紀は知ることになるが、報告書は「保護者に連絡するかどうかの判断が担任まかせになっていた部分があり、学年・生徒指導部、さらに管理職の考えを反映させるような体制を取っていなかった」と総括している。つまり、「生徒指導に対して、学校全体が一丸となって取りくもうとする体制が不十分」だったのである。

また、ほかの学校と比べて授業参観や学級懇談会が少なく、保護者が来校する機会が少ないことが、報告書にあげられている。教員と保護者のコミュニケーションが十分でなかった、ということである。

真矢の両親は、友人へのいじめは把握していたが、真矢自身がそこまで切羽詰まっていると は感じていなかった。「自分がいじめられているという告白はありませんでしたが、いじめら れている友人の話はしていました。ただそれは黄色信号ではなく、赤信号だったんですね」と 真紀は振りかえる。

さて、一般的な話として、子どもが自殺したあとの調査委の報告書に対して、遺族が不満を 口にすることは多い。これまでの事例を読めばおわかりだと思うが、学校や教育委員会、自治 体などの多くは、いじめの実態をなるべく過小評価したり、隠そうとするからである。

だが、真矢の両親は調査委による調査結果に納得している。その理由を宏明が語ってくれた。 「調査委員は真矢が読んでいた漫画『鋼の錬金術師』の単行本をすべて買った。そこには自 己犠牲の精神が描かれてあり、真矢の思いをわかってくれていました」

調査委は、亡くなった生徒が読んでいた漫画を全巻読んだうえで、生前の考え方を把握しよ うとした。ここまで自殺した当事者の目線で報告書を作りあげた調査委は、私が知る範囲では、 ほかに例がない。

遺書の分析にも十分にページを割いている。たとえば、辞世の句が書かれていたことについ ても、「人の役に立ちたい、困っている人を助けたいというA（筆者注…真矢のこと）の目標と、 しかし結果として報われなかったというような心情が、ここで改めて表現されている」と推測したのである。

一一年三月九日の卒業式、両親は遺影を持って列席した。真矢の代理で、兄が卒業証書を受けとった。答辞では、真矢の友人でもある生徒会長が「一緒に卒業しよう」と台本にない言葉で呼びかけた。卒業式のあとから、遺族は真矢の実名と顔写真を報道各社に公開するようになった。

月命日になると、両親は仕事を休むようになった。真矢の友だちが家を訪れるからだ。真矢が二〇歳になる年の成人式には、友だちが彼の写真を持って出席した。両親が頼んだわけではない。真紀が涙ながらに語る。

「写真を持って式に出てくれないかと思っていたら、お友だちも〝そう思っていた〟と言ってくれて……」

ちなみに、調査委の報告書の最後は、次の言葉で締めくくられている。


どんなに嘆いても彼が戻ることはない。それならば、彼の死を決して無駄にすることなく、彼の死から何を得るのか。本当に真剣に変え、本校が彼の望んだ「優しさ」に満ちた学校になることを心より望み、本調査委員会としての報告を終える。

2　LINEいじめと調査委員会をめぐる混迷——橿原市・中学一年のいじめ自殺

いじめとSNS

二〇一三年三月二八日の八時前後、由奈《ゆな》（仮名、享年一三）が奈良県橿原《かしはら》市の自宅から徒歩数分のマンション七階から飛びおりた。

この日、由奈は所属するテニス部の試合だったが、寝坊してきた。母親の直美《なおみ》（仮名）が家事をしていると、由奈がリビングのドアを開けた。

「ママ……」

「どうしたの?」

「今日、試合やった」

元気がなさそうだったが、直美の頭に浮かんだのは「お弁当を用意しないといけない」ということだった。

「すぐ作るから、そのあいだに用意しといて」

「ユニフォームがない」

「あるよ。あとで（部屋に）見に行くから」

いつもならお弁当のほかに菓子パンを持たせるが、急だったために用意できず、おにぎりを作った。由奈が洗面所にいるのが見えた。ユニフォームを着ていた。

「ほら、あったやん」

元気を出させようとして、直美は少しオーバーに言い、由奈を送りだした。

「気をつけて行ってきいや」

直美が由奈を送りだし、洗濯物を干していると、固定電話が鳴った。学校からだった。なぜこんな時間に電話があるのだろうか。「娘さんはもう家を出られましたか」と聞かれた。この電話で由奈が飛びおりたことを知るが、「内容がショックすぎて、先の会話を憶えてない」と母親は振りかえる。

直美は夫の修司（仮名）と合流し、奈良県立医科大学附属病院に車で駆けつけた。マンションから落ちたと聞いていた直美は、けがを心配した。

病院に着くと、学校の先生が数名いた。話を聞くと、由奈は七階から転落したのだという。直美は目の前が真っ暗になった。一〇時ごろ、執刀医が現れ、「もうこれ以上、娘さんを傷つけることはできません」と言った。「意味がわかりません。傷つけてもいいです。助けてください」と叫ぶ直美の背中を、彼女の母親が叩いた。直美は、由奈が亡くなったことが理解できた。

由奈が亡くなった翌日（三月二九日）の夜、学校でクラスの保護者会が開かれた。そのとき、欠席した保護者のひとりがやってきて、直美にこんなことを言った。

「きっと蝶々かトンボを追いかけて落ちたと思うねん。そう思ってあげて。みずからこんなことをする子やない」

不審に思った。クラスの保護者会のあとに開かれたテニス部の保護者会でも、その保護者は「いま、直美さんのところへ行ってきました。由奈ちゃんは、蝶々かトンボを追いかけていたと言ってました」と不思議な発言した。まわりの人たちに、由奈の死を事故に思わせようとしている。のちにわかることだが、この保護者の娘がいじめの加害者だった。

由奈が自殺した直後から、いじめを苦にしたという疑いはあった。飛びおりたマンションの通路に彼女の携帯電話があり、そこには未送信メールが残されていたからだ。そのメールには、「みんな呪ってやる」と書かれていた。

そのメールの存在を直美が警察から知らされたのは、救急で運ばれた病院だった。LINEでのいじめを知るのは告別式のときで、同級生のひとりが「私のせいでこうなった」と事実を直美に告げたのである。さらに、四月二五日になると、いじめや暴力があったことを教えてくれる生徒が現れた。

四月二六日に直美は学校へ出向き、「自殺前日のことは、調べたのか?」とたずねた。教頭は、「調べる材料がない。証拠がない。調査には限界がある」と言って調査を躊躇した。同席した生徒指導の担当教師は、「いじめられる側にも原因があったんじゃないですか?」と述べる。学校は、いじめの被害を受けた子どもやその保護者の味方ではないのか……。

四月二八日になると、校長と教頭、生徒指導を担当する教師が自宅を訪ねてきた。一緒に来た同級生ふたりは、保護者をともなっていた。同級生は、由奈がクラスで仲間はずれにされていたことを証言し、「こんなんいじめや。死にたい」と由奈が言っていたことを教えてくれた。

担任が自宅を訪ねたのは、校長らよりも前のことだった。学校での由奈の様子を話してくれた。加害者三人を名指しし、クラス内で仲間外しがあったことを証言した。話を聞いた直美は、先生に抗議した。様子がおかしい娘を、なぜ放っておいたのか、と。すると以降、担任は来なくなった。

部活の顧問も、由奈へのいじめや暴力の内容を直美に伝えていた。部活では、いつもひとりだったこと。口数が少なくなっていったこと。「本当は、亡くなる日の夕方、お母さんに電話をして、相談しようと思っていた」と顧問は話した。顧問は、週に数回、自宅に来てくれた。遺族の話を聞き、自身の思いも話し、学校に対する憤りを共有してくれた。残念なことに、顧問は次の年に別の学校へ異動になってしまった。

五月一四日には、再度、アンケートの実施を要望した。当初、保護者の許可を得てから聞きとり調査をおこなおうと校長は考えていた。しかし、橿原市教育委員会（市教委）との話しあいの結果、遺族に相談しないままアンケート調査をすることになった。アンケートが実施されたのは五月一七日。由奈の死から七週間が経っていた。アンケートは、ふたつの問題をはらんでいた。ひとつめは記名か無記名か。結局、無記名になった。

もうひとつは、アンケートの開示に関してで、遺族に原本を見せるかどうかが問題となった。

実施前、市教委は「原本を見せる」としていたが、実施後になってから「集約したものを見せる」と変更された。

アンケートの結果が開示されるまでも時間がかかった。開示されたのは七月二二日となった。集約をしたものを直美がマスコミに公表できるようになったのは、回収してから三カ月後の八月一六日であった。

二年生と三年生を対象にした四四二人に実施されたアンケートには、様々な目撃情報が書かれていた。たとえば、以下のような内容だ。


（仲がよい）三人から無視されたり、避けられたりしていた。

グループから二回も仲間外れにされていた。

（部活の）先輩から膝でお腹をけられていた。


アンケートのなかには、亡くなる数日前、テニスコートの砂で由奈がお墓を作っていたという情報があり、そのとき由奈が語った「私が死んだらここに入れて」という言葉も書かれていた。ラケットで叩かれたり押されたりと、部活で先輩に暴力を振るわれていたという証言もあった。

アンケートに書かれていることが、すべて本当かどうかはわからない。調査委員会（調査委）

の検証が必要である。にもかかわらず、六月七日の保護者会で校長は、「いじめという話があがっていない」と説明している。同日の記者会見でも、教育長が「いじめと自殺の因果関係は相当低い」と説明した。アンケートの内容を知っていながら、このような発言をすることは、悪質だと思わざるをえない。

揺れる調査委

こうしたなかで、由奈の自殺といじめに関する調査委が市教委事務局の下で設置される。由奈が亡くなってから、すでに三カ月が経過していた。ただし、設置までの経緯は混迷していた。六月二四日、遺族側は市長と学校、市教委に対して「申入書」を提出した。内容は、「市長部局の下で調査委を設置すること」、「調査委の半数は遺族推薦によって選任すること」、「調査委に関する条例や規則をつくること」などだった。

そして、六月二八日にいじめ防対法が成立したことにより、いじめ自殺に世間の注目が集まるようになる。学校や教育委員会のいじめ対応が以前より問われるようになった。

にもかかわらず、七月三日、遺族側の申しいれはすべて拒否された。七月九日、遺族側は「抗議・申入書」を送付した。その翌日、調査委の初会合が実施されることになる。ふたを開けてみると、調査委員のなかに市側の顧問弁護士が含まれいていることが明らかになった。翌日、遺族側は抗議書を送る。

その後も調査委は遺族と対立した。市教委が調査委に「遺族が予断をもったことを言っている」などと抗議していたからだ。一方、遺族からの抗議に対しては、ゼロ回答が続いた。このころ、学校や市教委は、「家庭内に虐待があったのではないか」と由奈のいじめ自殺を家庭内の問題にすり替えようとしていたふしがある（朝日新聞、一五年四月二五日付と遺族の証言による）。

遺族側は、調査に協力しないことにした。情報を持っていても、学校や市教委は調査委に伝えない。調査委と遺族側は信頼関係を築けず、調査は空転が続いた。公正中立を疑われた調査委は、九月一七日に解散した。その直後、市長の下に「橿原市立中学校生徒に係る重大事態に関する調査委員会」という第三者による調査委員会（第三者調査委）を設置することで、遺族と市教委が合意する。

生徒たちへの聞きとり調査は、第三者調査委が発足する一一月になってからの実施となった。延べ一〇五人の生徒や教員から聞きとり調査をした報告書は、翌一四年四月二三日に公表された。この報告書によって、いじめがあったという事実は認められた。

批判された市教委と学校の対応

報告書は、友人関係の変化やトラブル、学校生活のストレス、家族関係の不満などの精神的疲労が蓄積され、由奈の衝動的な自殺につながったとした。つまり、自殺の原因については、複合的な要因によるものだと結論づけた。

LINEでのいじめは認定された。亡くなるまでの一カ月のあいだ、友だちのタイムラインにはこう書かれていた。

ほんま、うざい。消えてよね
KYでうざい。さよなら

友だちが提供した情報でそのことを知った由奈は、手紙を回し、その友だちに「あのタイムラインは誰のこと?」とたずねている。すると友だちは、「由奈のこと」と手紙を返した。そして、由奈は三月六日のタイムラインに「ぁー学校めんど。笑」「あいつらとおんなし空間におるだけで吐き気がするゎ…」と書いている。

また、第三者調査委に提出された由奈の日記は、一二年一〇月六日からはじまり、書かれているのは延べで一〇日くらい。一二月一二日の日記には「□□(筆者注…加害者名)たちになんかしたんかな? (筆者注…自分自身が)いらない子なのかな? 死ねるものなら死にたい」と書かれていた。ただし、同じ日の日記の最後には、「話を聞いてもらってよかった。人に優しく」ともあった。小学校からの友人で部活動も同じだった女子生徒に、悩みを聞いてもらっていたようだ。

直美は「調査に協力してくれた同級生や保護者には感謝したい」と述べる。とはいえ、親に言える子どもと言えない子どもがおり、子ども自身も自尊心やプライドがあるのも事実だ。だからこそ、子どもの異変について、学校が知っていることは保護者に教えてほしいと直美は考えている。そうすれば、なんらかの対応ができたし、由奈はいまも生きていたかもしれない。親と子どもと学校が情報を共有する。たったそれだけのことで、防げることがある。

また、学校や市教委は当初、「自殺の要因が学校ではなく、家庭にある」と即断した。疑われていた虐待の事実は否定され、その検証は十分にされた。今回は、「母親が殴っていた」などという根拠のない噂が出回っていたが、それが否定されたかたちだ。こうした家族の問題を疑うような噂は、ほかのいじめ自殺事件でも流れたりする。この点について第三者調査委は、真相解明と再発防止策の早期実施を遅らせたことから、「責任は極めて重大」として学校と市教委の対応を批判した。

報告書では、いじめについての共通理解の重要性や、いじめ早期発見のためのアンケート実施、スクールカウンセラーやスクールソーシャルワーカーの活用など、いくつかの提言がなされている。そして、その提言を実行するための監督機関の設置も検討の対象とした。

報告書を読んだ直美は、バランスが悪いと思った。クラスメイトによるいじめが検証がされ、認定されている。他方、テニスコートでお墓を作っていたという情報や先輩からの暴力など、部活動での出来事がほとんど検証されていなかったからだ。

市側も第三者調査委の調査結果に不満を抱いた。五月二七日に開かれた市議会の文教常任委員会で、森下豊《もりしたゆたか》市長（当時）は「特別な監督機関は断固として反対。偏った物の見方の提言がされたことに不満を持っている」と答弁。第三者調査委に市や市教委が「公正中立」ではないと指摘されたことへの反発だった。

九月一日、市や加害者を相手に約九七〇〇万円を求めて、遺族は損害賠償請求訴訟を奈良地裁（木太伸広《きたのぶひろ》裁判長）に起こした。裁判で争点となっているのは「いじめ」が「自殺の兆候」にあたるか、である。争点を検証するため、市側に情報の開示を求める「文書提出命令の申し立て」（文提）を遺族がおこない、奈良地裁は一定の範囲での開示を決定した。

裁判をおこなっても、学校や市教委は生徒の情報を出したがらない。だからこそ、いじめ自殺の裁判を中断してでも、「文提」で闘わなければならなくなり、それだけ時間がかかることになる。そのため、裁判は現在も継続している。

3 「喧嘩両成敗」という教師——相模原市・中学二年のいじめ自殺

発達障害といじめ

二〇一三年一一月一日の一六時二〇分ごろ、神奈川県相模原市で市立中学校の二年生だった徹《とおる》（仮名、享年一三）が首吊り自殺を図った。そして、一〇日後の一一月一一日、搬送先の北里《きたざと》大学病院で息を引きとった。

母親の栄子《ひでこ》（仮名）によると、徹は発達障害（アスペルガー症候群、自閉症スペクトラム）と診断され、友人とのコミュニケーションは円滑ではない部分があったという。そのためか、小学生のころからいじめを受けており、相性がよい子と悪い子の差があった。見守りに注意が必要という情報は、学校には伝わっていた。

徹が自殺を企図した一一月一日、下校のときに下駄箱《げたばこ》付近で、徹がクラスメイトから突きとばされ、倒れているのを別のクラスメイトに目撃されている。帰宅すると、教室に弁当箱を忘れていたことに気づく。三連休になるので、学校へ取りにいくよう栄子は徹にうながした。学校に戻り、教室に入る姿を見た生徒によると、徹が泣いているように見えたという。そして、ふたたび自宅に戻ったあと、自室に入って自殺を企図した。遺書はなかった。

自殺当日の夕方、栄子は居間で郵便物をチェックしていた。次女が徹に用事があって部屋を訪ねる。名前を呼んでも返事がない。すでに自殺を図っていた。

救急車を呼び、一時は蘇生《そせい》した。だが、一〇日後に死亡してしまった。

学校としては、在校生への動揺を避けるため、徹が学校に来ない理由を自殺とせず、「転校したことにしよう」と提案してきた。しかし、隣接する小学校に妹二人がかよっている。そのため、「転校」は引っ越しを連想させて不自然だ。結論として、生徒たちには「自殺」ではなく「病死」と説明することにした。

家では自傷行為をした形跡がない。徹の自殺は、学校でのいじめが原因なのではないか。栄子はそう考えていた。

「息子の携帯もパソコンも検索履歴は確認していません。でも、紐の結び方を見てみると、調べている可能性はあるのかと思っています。亡くなった年の春、ラグビーの合宿で、いじめ被害を経験した子たちとの会話のなかで〝自殺〟のキーワードが出ていたようです。その時点で、相当追いつめられていたのかな」（栄子）

葬儀では、学校関係者をシャットアウトした。そして、葬儀後は生徒たちが自宅に来てもかまわないと栄子は考えていた。だが、学校側は「徹くんの家には行かないように」と伝えていたのであった。

栄子は、徹の自殺と学校でのいじめの因果関係に関して、学校に調査を依頼した。ところが、学校や相模原市教育委員会（市教委）は調査を渋った。

市教委が「相模原市子どものいじめに関する調査委員会」（調査委）を設置したのは、一四年四月になってからだった。いじめ防対法にもとづく調査は、相模原市にとってはじめてのことだ。栄子が調査委の存在を知ったのは、一五年二月の新聞報道によるもの。

「設置まで時間がかかったのは、自殺の原因がいじめでないと思っていたからでしょう。当初、市教委は重大事態とはとらえていなかったんです。教師もいじめだと思っていないし」

じつは、調査委が設置されたことを知る前の、一五年一月二九日、市教委に対して、調査に関する「意見書（要望）」を栄子は提出していた。

「しばらくは市教委からは連絡がありませんでした、息子の死の原因に関する調査をどうするのか、放置していたんです。でも、あきらめきれなかったので、弁護士を立てました。市にとって調査委の第一号になるので、マスコミの注目をあびるのを避けたんでしょうか」

ここで徹の生いたちを、一六年三月に調査委が出した報告書と母親の証言を元に紹介する。

〇七年九月、小学校二年の二学期に転校をした。発達障害の影響か、落ちつきがなく、授業で勝手に発言することがあり、親が呼びだされることもあった。ただし、高学年になると落ちつきはじめた。先生のことも好きだった。小学校四年の二月ごろからラグビースクール（スクール）に入り、中学二年まで続けた。スクールは、徹の大切な居場所だった。

中学に入学してから、科学部に入った。部内には加害生徒がいた。徹は、暴力を振るわれたり首を絞められたりした。複数の生徒から耳や髪の毛を引っ張られたり、帰宅時、自宅とは逆の方向に連れていかれることもあった。また、腹部にパンチを受けるなどの暴行を受けるのは当たり前だったようだ。

報告書によると、中学一年の一学期におこなわれた三者面談では、「徹はクラスメイトとトラブルが起きた際、跳びかかって手が出ることがあった」と栄子は担任から告げられた。このとき栄子は、徹がアスペルガー症候群であることを担任に伝え、徹には「暴力は絶対にダメ」と伝えている。

では、徹は学校でどんなトラブルに直面していたのであろうか。部活では、特定の部員にいじめられていた。「オタクは世の中のゴミ。消えろ」「うざい、死ね」などと言われたり、「お前は障害者だ。先生に保護されている。障害者。障害者」と言われたりしていた。このことが原因で、徹は退部する。

教室で掃除をする際、おわると報告書を書いて、担任に提出する。その報告書で、徹は正直にさぼった生徒を低く評価した。そのことを知った生徒は、徹を殴った。徹は担任に呼びだされ、「お前のほうが悪かったんだろう」と言われてしまう。さらに、担任には「お前の顔を見ていると、殴りたくなる気持ちもわかる」とも言われた。スクールの友だちには、「学校でいじめられているのは、もちろんいやだけど、担任の先生のことが何よりもいやだ」と徹は述べている。

中学二年の二学期になると、学年会の資料では、「かなり周囲とうまくやれるようになってきた」ともあり、一見、トラブルがなくなっているように、教員側には見えていた。だが、実際には「廊下で、部活の加害生徒に会うたびに、にらまれていやだ」と徹は栄子に言っていた。

また、一〇月末に学校がおこなった教育相談アンケートで、「クラスの人とうまくいかない」「ときどき、学校を休みたくなる」「学校の中で暴力をふるったり、困らせたりする人がいる」

「先生が理解してくれない」「部活動の中で嫌なことがあった」などの項目で「あった」にチェックを入れている。

そして、中学二年になってからも、「うざい、消えろ。死ね」と日常的に言われていた。部活の顧問はトラブルに介入後、「徹は顔を真っ赤にして泣きながら興奮状態でまったく話にならない」と突きはなした。

喧嘩両成敗ではすまない

学校生活を検証した結果、調査委は報告書で以下の行為を徹に対するいじめと認定した。登場するAとBは加害生徒である。

【中学一年】

・Aの発言「やめなくてもいい。（幽霊部員でもよいので部活に在籍していれば）部費が入るから。科学部にはこなくていい」

・徹が言った言葉に対して、Aが納得いかず、徹の髪の毛やカバンを引っ張った。その後、徹が帰宅しようとした際、Aに引っ張られ、A宅を経由して帰宅させられた。

・Aが部活の時間に「俺を不快にさせるな」と蹴りにきた。

【中学二年・一学期】

・清掃をしていなかったBに対して徹が「机を運んで」と頼むと、Bが「お前に言われるとやる気がなくなる」と答えた。徹は『お願いだからやってよ」と言ったが、Bがこれに応じなかったので、徹が掃除の報告書にBの評価を低く記載したところ、Bが徹の胸倉をつかんで蹴った。

・Aの発言「オタクは社会の迷惑だから消えろ」「お前は障害者だろ」

【中学二年・二学期】

・同じ社会科係のBが、提出物を提出できないことを確認しないまま徹が回収を始める。その後、Bが提出しようとすると断られたため、Bがカッとなり、徹に対して暴言を吐いた。

【事案発生日】

下校時、昇降口でBにリュックを押されて転倒した。

くわえて、「周囲の生徒からの心理的、物理的攻撃により当該生徒が苦痛を感じていたと認めるべき事態（すなわちいじめ）は複数認められた」ことと、「生徒が、お互いのことを理解し得ない状況下で発生したトラブルの中に、本人から見るとこのような行為が存在したと認められる」ことから、加害生徒によるいじめで徹が苦痛を受けていたことを認定した。

また、学校側のいじめ対応については、「特定の生徒において周囲の生徒とのトラブルが多発しているのであれば、当該生徒の非の大小問わず、当該生徒において累積したであろう苦痛に目を向けるべきであり、そのためには教員相互の情報共有が重要である」としたうえで、

「教員らは『喧嘩両成敗』的な指導を行い、あるいは、当該生徒を問題視することがあったが、当該生徒の苦痛あるいは苦情の蓄積については特に留意されることはなかった」と、その不適切さを指摘した。栄子は、「担任の対応は喧嘩両成敗というより、〃障害児＝問題児〃だからトラブルの原因は息子にある、という対応をし続けたのだと思っています」と語る。

報告書では、自殺の背景が以下のように分析されている。

不登校または不登校傾向――不登校まではいかないが、不登校傾向は見られる。
学業不振――どこまで深刻だったかは不明。
友人関係での悩み（いじめを除く）――トラブルは多く、困難があったことは顕著に認められる。
教師との人間関係――円滑とは言えなかった。学級担任への不信と怒りを持っていた。
いじめ――いじめは存在した。

いじめと自殺の因果関係については、「多くは部活内のトラブルであり、退部以降、問題視される事案は少なくなった」として、「いじめだけが自死の原因ではない」と結論づけた。ようは、組織的な対応を適切におこなっていれば、「当該生徒の苦痛を軽減し、自死を防ぐことができた可能性は否定できない」としていじめを認定しながらも、いじめと自殺との因果関係は認めなかったのであった。

徹の自殺に関する調査は、市教委や学校の都合が優先されたうえ、調査委の設置方法についても文科省の「方針」を無視したものであった。調査委の答申にしても、徹に寄りそったものだとは、けっして言えない。

こうした結果について栄子は、学校や市教委は自身の保身ばかり考え、遺族を「バカにしている」という印象を持っている。そして、いじめる側の加害生徒と、いじめられる徹に対して、「喧嘩両成敗」的な指導をしていた教師には、不信感を抱かざるをえない。

報告書によって対応が批判された市教委の担当者は、「事後対応については厳しく指摘されました。評価は受け止めています」としている。学校は、何もコメントを出していない。

徹の自殺について調査を進めた結果、加害生徒によるいじめの事実が明らかになった。それを見過ごした責任もさることながら、生徒間のトラブルがあった際、教師が原因を調べることなく「喧嘩両成敗」的な指導をしていたことは、さらに大きな問題だと私は考える。

そして、最後に栄子は私にこう語った。

「加害者たちは成人式を迎えた。事件当時、彼らに反省や謝罪の機会を与えなかった学校と市教委に、いま、あらためて憤りを感じている」

4　遺書に「本当はもっと生きたかった」「毎日が生き地獄」——新潟県・高校一年のいじめ自殺

二〇一六年一一月二一日、新潟県立新潟工業高校の一年生、拓海《たくみ》（仮名、享年一五）が新潟市内のJR越後線内で電車にひかれて亡くなった。自殺と見られている。自室の机に置かれた遺書には、「本当はもっと生きたかったけど、生きていける気がしない」などと書かれていた。

拓海が担任に三回もいじめの相談をしていたことを遺族が知ったのは、自殺後であった。父親の正《ただし》（仮名）は、そのことを「生前に「伝えてほしかった」」と残念がる。

一八年九月には、新潟県教育委員会を事務局とする常設の「いじめ防止対策等に関する委員会」が、拓海に対するいじめの事実と、「必要かつ適切な措置を実施することができなかった」として学校の不十分な対応が自殺に影響したことを認めた。

以下、報告書と遺族の証言にもとづいて、拓海へのいじめの実態について触れてみよう。

教師に相談したものの

拓海は、小学校四年のとき、新潟市内に引っ越してきた。中学まではいじめを受けることはなく、一六年四月には新潟工業高校に入学した。起床は早く、朝に勉強したり、ラジオ講座を聴いていた。遅刻もなかった。部活動にも入っていた。

夏休みまでは特にトラブルもなく過ごしていたが、高校一年の二学期から「ネットいじめ」がはじまった。夏休み明けの九月、学校行事だった工場見学のバス内で、生徒Aが、「拓海にとって不愉快なあだ名」（以下、「あだ名」）を付けた。「あだ名」は、その後も拓海にわからないように一部のグループで使われていた。

九月一八日、LINEグループに、バスの車内で撮影された拓海の写真を生徒Aが投稿する。LINEグループ内だけでの呼び名であれば、知らずにいた拓海も苦痛を感じなかったことだろう。しかし、「あだ名」はクラスメイトのなかで広がり、授業中にも言われるようになる。

当時の拓海の気持ちを想像して、私の問いに正が「加害生徒は自分たちが笑いを取ることに夢中で、相手の気持ちを考えていなかったと思います。私は息子が亡くなるまでそのことを知らなかったのですが、知っていたら、怒鳴りこんでいたでしょう」と語った。

さらに、一〇月二日になると、生徒Aを含むLINEグループで「作ったなう」というテキストとともに、「あだ名」に関連した合成写真が投稿された。拓海はLINEグループに入っていない。となれば、誰がその「あだ名」を知っているのかわからない。

一〇月二七日の放課後、席替えで暴言があったために、拓海は担任にいじめに関する相談をはじめてした。しかし、担任は「また来週、何かあったら申してるように」と伝えただけだった。一〇月三〇日になると、拓海は担任にいじめを訴える手紙を書いた。そこには「あだ名」を付けられたこと、ほかのクラスにも「あだ名」が知れわたっていること、教室に貼られた

「いじめ抑止標語」の無力さなどが書かれていた。そして、「軽い指導だけでは解決するとは思えない」ことや、「どうか罰などを与えて何とかしてほしい」などと記されてもいた。手紙の最後の「10／90　5：46著」は、一〇月三〇日の五時四六分に書いたことを示す。

拓海が担任に手紙をわたしたのは一一月一日の八時ごろで、昼休みに生徒指導部の教師から拓海は話を聞かれ、その後、複数の加害生徒に対する指導がおこなわれた。だが、拓海はその後も「あだ名」で呼ばれ、悪口を言われ続けた。一一月一一日、拓海は担任に三度目の相談をする。悪口を言われたことを口頭で伝えたのだ。しかし、加害生徒二人は、悪口と認めなかった。担任は注意するにとどまった。

三度の相談を受けた担任から、両親に連絡や相談が来ることはなかった。相談内容について担任が「親に知らせていいか?」と聞いたが、拓海は「知らせないでほしい」と言った。「三回も相談をしているのだから、『様子がおかしい』とか『悩みがあるようだ』などと、担任は親に伝えるべきだったのではないか」と正は言う。

一一月一三日、拓海は通信端末で自殺に関連する情報を検索した。一一月一五日の保健体育の授業は、テーマが「ストレス」だった。授業で使われた副読本「現代高等保健体育ノート」(大修館書房)には「日常的なストレス」を書く欄があり、拓海はそこに「自分のストレス：自分は友人関係においてクラスで嫌われていると感じ、一人でいる時などに深く考えてしまい、とても苦しい」と書いていた。この副読本は時々、担当教師が集め、記入欄を確認している。

「学校が組織的にいじめ対応をおこない、少なくとも息子や加害者の関わりのある教師がいじめを認知していれば、息子が記入していることに注意を向けたり、副読本を回収して確認し、異常な状態であることが分かったと思う」（正）

そして、一一月二一日の早朝、拓海は線路に向かい、電車にひかれた。

机の上には破かれたノートがあり、そこには遺書が置かれていた。紹介した内容にくわえ、「もうずっと何週間も学校にいるだけで時々泣きたくなり、寝ているフリをして涙を流していました。九月中旬から今に至るまでの平日は生き地獄のような毎日でした。もう生きたくはありません」とも書かれていた。

両親は、当日の午前六時ごろ、拓海が部屋にいないことに気がつく。遺書を読んで両親は警察に連絡した。

「遺書は当日の朝に書いたのでしょう。携帯端末のアラームが午前三時三〇分にセットされていました」と正が語る。列車にひかれるまでの二時間で遺書を書き、親友へのＬＩＮＥを打ったと思われる。外出を家族にさとられないため、拓海は靴を履かないで外に出た。

一七年一月一五日、加害生徒三人とその保護者が、拓海の遺族と面会した。校長と教頭も同席した。不愉快なあだ名で呼んだことやＬＩＮＥで中傷する合成画像を拡散したことを、加害生徒らは認めた。彼らは、拓海の「気持ちが想像できなかった」と話した。

いじめのツールとしての「あだ名」

その後、「いじめ防止対策等に関する委員会」が一六年一二月から調査をはじめ、一八年九月に調査報告書を発表した。自治体によっても違うが、いじめ防対法では、日常のいじめ防止に取りくむ常設委員会を設置するほか、不登校や自殺などの重大事態のために、別の調査組織を立ちあげることがある。拓海の自殺に関しては、常設委員会が調査した。

同委員会の報告書によって「いじめ」と認定されたのは、以下の行為であった。

一、夏休み明けの九月初旬から、「あだ名」が、一部のグループ内で、間接的に、言われるようになり、九月の間、継続して言われていた。また、拓海は、体操着が上げすぎではないかなどと見た目をみんなに笑われることがあった。

二、一〇月になると、合成画像がＬＩＮＥに投稿され、「あだ名」は、目的をもって、徐々に直接的に言われるようになり、言われる範囲も広がっていった。また、拓海は、一部の生徒から、「あだ名」や「お前、友達いないんだよな」などと言われ、直接、からかわれていた。これら以外にも、席替えのトラブルに伴う暴言などがあった。

三、一一月になっても、一〇月と比べ少なくなってはいたが、授業中や休み時間に、「あだ名」が言われ、周りが笑うことがあり、また、拓海は、「あだ名」の他にも、悪口を言われていた。

これらを「いじめ行為」としたうえで、担任に三度目のいじめ相談をしたあとの一一月一三日に、拓海はすでに「心理的視野狭窄」となっており、「その時点では明確な希死念慮をもっていたと推察される」とした。

また、一一月一日に拓海からいじめに関する相談を担任が受けたとき、学校が「いじめ認知時の対応に係る委員会」を開かなかったことなど、「県いじめ防止基本方針」や「いじめ防止基本方針実践のための行動計画」に示された対応をしなかった点が報告書で指摘されている。さらに、保護者との情報共有の場を設けなかったことや、管理職による担任への支援・サポートがなかったことも問題だったとまとめた。

遺族への対応については、すべての面で不十分であるとしたうえで、「遺族との関係について、県教委によって、汎用的な対応例示の策定が必要」と報告書は指摘している。

自治体によっては、臨時の調査委員会を設置することがある。しかし、今回は常設の委員会が調査をおこなった。当初、遺族はその点が不安だったが、会長がきちんと話を聞いてくれるなど、対応には信頼がおけた。「まともな報告書が出てきたので、びっくりしました」と述べる正には、報告書の内容に不満はない。

報告書が出されたことを受けて、一八年九月に県教委は臨時校長会を開いた。全校でいじめ対策について点検し、再発防止策を施すことになり、教育長は「いじめ対策の不断の見直しにより、生徒を徹底して守る組織づくりに全力で取り組まなければいけない」と話をした（朝日新聞、一八年九月二〇日付）。

一八年一〇月八日、当時の校長が県教委幹部とともに遺族宅を訪れた。このとき、遺族の希望もあり、マスコミの取材も入った。当時の校長は、「命を守れず、申し訳ない」、「家族のみなさまにたいへんな思いをさせてしまった」と謝罪した。

たしかに、表面上は謝罪していた。だが、正が「なんで謝罪にきたのか？」と聞くと、校長は「報告書が出たので」と言うだけで、何についての謝罪なのかわからない。校長の言葉や態度は、けっして遺族に納得のいくものではなかった。

県教委は報告書の内容を元に、担任と教頭、生徒指導副部長（いずれも当時）に対して、「信用失墜行為」による懲戒処分をおこなった。具体的には、担任は拓海に対して継続的な支援をおこなわず、いじめを訴えたあとの調査も不十分であり、管理職への報告を怠ったとして、減給三カ月。教頭は「行動計画」にもとづく行動を取らなかったこと、生徒指導副部長は不適切な方法により聞きとりと指導をおこなったとして、それぞれ減給一カ月。当時の校長は県教委への報告を怠ったものの、退職していたため減給三カ月分相当となり、減給分は後日、寄付金として県教委に振りこまれた。

拓海の自殺から二年が経過した一八年一一月二一日、新潟工業高校は全校集会を開いた。生徒と教職員約一〇〇〇人が拓海の死を悼んで黙とうした。校長が自殺の経緯を話し、謝罪した。また、「学校はいじめを許さない」と述べ、何かあれば相談してほしいと呼びかけた。

じつは、一八年六月下旬に同じ新潟県の下越地方で、県立高校三年生の男子（享年一七）が自殺している。原因は、いじめと認定された。同じことが繰りかえされていると感じた正は、一二月一三日の県議会定例会で、県独自のいじめ対策をすべきだと陳情した。

陳情のなかで正は、県教委や教育関係者のいじめ事件に対する理解が不足しており、被害者遺族への配慮のなさも含め、すべてが後手となっている現状は深刻であることを伝えた。そして、このままでは子どもたちの命と心を守りきれないとも。

くわえて、下越地方で起きたいじめ自殺に触れ、「もし私たちの息子の件が発生した直後に、具体的な指導などが速やかにおこなわれていれば、下越地方の高校生が息子と同じようにLINEでいじめを受け、亡くなった事件は発生しなかったのではないでしょうか」と述べた。

そして、学校が発生当初からみずからの非を認め、虚偽の報告をすることなく、遺族の言葉に耳を傾けて対応していれば、学校と遺族との関係もここまでこじれることはなく、「私たち家族の精神的な被害も少しは抑えられたのではないか」と語った。

そのうえで、以下の四点について、県独自の条例化をおこなうべきだと陳情した。第一に懲戒処分の基準の明確化、第二にいじめ防対法などのルールを学校に守らせること、第三に教職員の内部通報制度、第四に学校側による不作為に対する処分である。

陳情で示した条例案は、一九年三月の本会議で不採択となり、七月三日の総務文教委員会でも不採択となった。

結局、子どもをいじめから救うための仕組みは、拓海の自殺から現在まで何も変わっていない。拓海の両親は、「学校がいじめ被害の訴えに適切に対応しなかった」として、一九年一一月、新潟県を相手に約六〇〇〇万円の損害賠償を求め、新潟地裁（篠原礼《しのはられい》裁判長）に提訴した。これに対して、県教委は一二月一七日の定例会で「法的責任などについては、裁判所に公正な判断を仰ぎたい」として争う姿勢を示した。県知事も一二月二五日の記者会見で裁判に触れて、「応訴する」と述べた。

5　学校と市教委の対応を苦にしたメモを残して――川口市・高校一年のいじめ自殺

教育委員会は大嘘つき

教育委員会は大ウソ付き。いじめた人を守って嘘ばかりつかせる。いじめられたぼくがなぜこんなにもくるしまなきゃいけない。ぼくは、なんのためにいきているのか分からなくなった。ぼくをいじめた人は守ってて、いじめられたぼくは、誰にも守ってくれない。くるしい、くるしい、くるしい、くるしい、つらい、つらい、くるしい、つらい、ぼくの味方は家族だけ。

埼玉県川口市内に住む高校一年の男子生徒、辰乃輔《しんのすけ》（享年一五）が二〇一九年九月八日未明、市内の自宅からほど近い一一階建てのマンションから転落して死亡した。最上階にのぼり、廊下の手すりを乗りこえた。「ドン！」という音で気がついたマンションの住民が一一九番通報した。すぐに川口市立医療センターに搬送されたが、息絶えた。

この日、辰乃輔は祖父母の家に泊まっていた。夕食時には顔を見せている。しかし、深夜にいなくなっていることに祖母が気づき、午前一時半ごろ、母親に電話した。そして、探しているあいだに飛びおりたと見られている。一時五〇分過ぎに、そのマンションに住んでいる友人から辰乃輔の自宅に電話がかかってきた。母親はすぐに駆けつけた。

「AED（筆者注…自動体外式除細動器）をして、心肺蘇生《しんぱい》もしていると聞いたので、助かると思っていたんですが、即死ということでした。顔はあざがありましたが、（身体のほかの部分には傷がなく）きれいでした」（母親）

翌日の九月九日、知らせを受けた私はそのマンションを訪れた。周辺ではもっとも高い建物だった。辰乃輔は、以前にもこのマンションから飛びおりた経験があった。そのときは、偶然にも住民による救急措置などにより、足に障害が残ったものの、一命は取りとめた。だが、今回は助からなかった。

また、九月五日にも弟に「さようなら」と告げたうえで、辰乃輔はそのマンションを訪ねている。このとき、辰乃輔はノートに「いじめられた人間はずっと苦しまないといけない。さようなら」と書いていた。それを読んだ母親は、警察に通報した。マンション一一階でうろうろしていた辰之輔を発見した住民が声をかけた。その住民が話を聞くと「いじめがつらい」などと話していたという。帰宅した辰乃輔は、「卒業アルバムを見ながら、『この先生が裏切った』『先生がいじめを解決してくれない』と言っていた」と母親が語る。

冒頭の文章は、飛びおりる二日前の九月六日に書いたメモの一部。中学時代のいじめと学校や川口市教育委員会（市教委）の対応を苦にしているという内容だった。注目すべきは、いじめそのものよりも市教委への不満が内容の大半を占めていたことだ。

学校が気づかない「いじめのSOS」

辰乃輔は、一六年四月に中学校に入学して、サッカー部に入った。初心者だったため、同級生や先輩から「へたくそ！」などと言われ、いじめのターゲットにされていく。ほかにも、悪口を言われたり、仲間はずれにされたり、カバンをスパイクで踏みつけられるなどのいじめを受けた。五月には、学校に行きしぶるようになる。

このころから、母親も辰乃輔がいじめられているのではないかと考えはじめた。問いただすと、いじめられていることを認めた。母親は、辰乃輔には無理して学校に行く必要はないと伝え、学校にはいじめの内容を伝えた。すると部活の顧問は、「知りませんでした。気をつけます。すみません」と答えたことを母親は覚えている。

辰乃輔は、自由ノートで担任とやりとりをしていた。担任は「がんばれ、がんばれ」と書いてきたが、辰乃輔は「これ以上、がんばっても……どうがんばればいいんですか?」と書いている。

夏休みの宿題として出された、「人権について」というテーマの作文には、こう書いている。

ぼくは、小5、6、今もいじめられて、かげで悪口やなかまはづれをされています。ぼくの存在って、存在なんてなくなればいいと思います(原文ママ)

また、夏休み明けの九月一日には、担任に手紙を書いている。

ぼくは、サッカー部の友達からいじめられている。特にAくんが周りに言うと、BとCとDとEとFとGとHとI、二年の先ぱいたちに仲間はずれにされたり、むしされたり、かげ口を聞こえるようにする。……(中略)……一年一組のJ先生に話をするとすぐにあいてに言う。ってまた見えないところでいじめられる。だからJ先生に話したりするのが怖い。（筆者注：アルファベット部分は実名が書かれている）

翌日の九月二日には、母親が担任と電話で話をしている。そのとき、「話しやすい先生に話せばいい。今後、一切、僕に相談しないように」と担任は言った。その無責任な対応に、母親は怒った。その光景を見て、辰乃輔はノートにこう書いた。

今日も先生からでんわがあった。母さんが言えないぼくのかわりに話を先生にしたのに先生は僕をみすてた。母さんが怒っている姿を見て、すぐにわかった。ぼくは学校に行ってはいけないいんだ。（九月二日）

さらに担任へ手紙を出し続ける。

ぼくの教室がないからクラスも先生いない。だからぼくは学校には行けない。……（中略）……ぼくはこれからどうしたらいいのか分からない。ぼくは消えたい。ぼくの事を死ねばいいと、消えてほしいとと思ってる……（中略）……ぼくは消えるから。母さん、じいちゃん、ばあちゃん。こんなぼくでごめん。もうぜったいゆるさない。（九月一一日）

辰乃輔がいじめに苦慮し続けているにもかかわらず、学校はなかなか対処しない。

九月一八日におこなわれた体育祭では、クラスの女子生徒に「しんちゃんのせいで優勝できなかった」と言われた。翌日、辰乃輔は自室で首吊り自殺を試みている。意識不明になっていたのをたまたま母親が発見し、一命を取りとめた。辰乃輔は母親に「なんでこんなに苦しまなければいけないの？」と言っていた。

この件は、学校に連絡した。すると、校長が自宅を訪ねてきた。何を言うのかと思えば、「こういうことがあると報道される。マスコミに話さないで」と口止めされた。辰乃輔が担任に出していた手紙について知らせたうえで、母親は「ＳＯＳに気がつかなかったのですか？」と聞いた。すると校長は、「あれ（手紙）がＳＯＳですか？」と言った。

いじめを訴える手紙を受けとり、本人が自殺未遂をした時点で、それが辰乃輔のいじめに関するＳＯＳだと学校側は気づいていないのか。その後も学校は、いじめに対する対策も、自殺に関する対策も、施すことはなかった。

場当たり的な対応に終始する学校

一〇月になってからも、辰乃輔は担任に手紙を送り続けた。

学校は、いじめがないって言ってるけど、いじめられていたぼくはなんだろう。きょうという先生からもれんらくない。だれも先生は、こない、ぼくは、学校でじゃまで早くてん校してほしいだと思う。（一〇月一九日）

教頭からは「（手紙ではなく）口で言わないとわからない」と言われた。そして、一〇月二六日の夜、二回目の自殺を試みる。ふたたび自室で首を吊ろうとしたが、母親が発見して止めた。このとき、担任にあてた手紙にはこう書かれていた。

やっぱり、ぼくは、学校のじゃまものなんだ。いじめられたぼくがわるい。学校の先生たちはなにもしてくれない。口だけ。電話もない。ずっと、考えたけど、学校は、ぼくに消えてほしいと思ってる。……（中略）……紙に書けるなら口で言えると言ったきょうとう先生。うまく口じゃつたえられないから手紙なんです。（一〇月二六日）

二回目の自殺未遂では、警察が市教委に連絡をしている。一一月になると、学校側はようやく、いじめの有無に関するアンケート調査（無記名）を実施した。結果を伝える電話で教頭は、「いじめはない」と言った。母親は、原本を見せてもらえなかった。

教頭からの電話の直後、辰乃輔はノートにこう書いた。

ぼくのいじめは、なかった事になってるんですね。死んでぼくがいじめられた事を分《ママ》ってもらいます。（一一月二五日）

その直後、学校が急に動きだす。保健センターの保健師が学校に働きかけたからだ。中学生の自殺未遂で保健師が関わるのは珍しいケースだ。辰乃輔の弟には障害があり、幼かったため、保健師が保健指導のため定期的に自宅に来ていた。だから、一回目の未遂のときから内情を知っていたのであった。

以降、学校から手紙が届くようになった。辰乃輔は、場当たり的な学校の対応に対し、ノートで憤りを訴えている。

いままで、学校からの手紙がなかったのに。ほけんセンターの人たちがきたら、学校の先生たちは、何かをしてくれる。しんじられない。（一一月二五日）

正月明け、辰乃輔は一度、学校に行った。クラスで絵馬《えま》を飾ることになったからだ。絵馬に「いじめがはやく解決しますように」と願い事を書いた。すると、担任から「それは飾れない」と言われた。「やっぱり、いじめを解決してくれないんだ」と思い、ふたたび学校へ行かなくなった。

中学二年になったころから、母親に「いじめられた僕が学校へ行けなくて、いじめた子たちがなんで学校へ行くの？」といじめられた側の理不尽さを訴えるようになった。

三回目の自殺未遂は、二年生になってからの一七年四月一〇日に起きた。近所のマンションの三階から飛びおりた。一命を取りとめたが、足の骨を折る重傷だった。入院して車椅子生活になったが、五カ月後に退院した。この未遂でようやく、新任の校長は学校で「いじめがあった」と認めた。

三回目の自殺未遂から半年後の一七年一〇月、市教委は市長にいじめの重大事態と調査委員会設置について説明した。そして、一一月二日に調査委の第一回会合が開かれた。一回目の自殺未遂から数えると一年二カ月、三回目の未遂からは七カ月が経過していた。

一八年六月、加害生徒七人とその保護者から、辰乃輔は謝罪を受けた。一方、母親によると、同じころにある加害者の保護者からは、「その足になったのも飛びおりたのも、自分の意思でしょ」と言われていたという。この心ない言葉に対して、辰乃輔は「自分の意思じゃないのに」と言っており、この暴言のあとから睡眠不足になったと、母親が私に語っている。

一八年七月に、辰乃輔は「いじめの件、どうなっていますか？」と担任に聞いた。すると、「いじめは解決できない」と言われた。学校や市教委の対応について、辰乃輔は納得していなかった。「どうせ、クラスのメンバーではないから」と卒業式には出なかった。

ちなみに、二回目の未遂後に取ったアンケートについて、辰乃輔は情報公開請求をしていた。一九年六月、「不存在」との通知が届いた。母親によると、理由は「辰乃輔のことでアンケートをとったわけでない」だった。辰乃輔は「じゃあ、なんで『いじめはない』って、言っていたんだろう」と母親に話していた。

そして、一九年九月八日、辰乃輔はマンションから飛びおり、死亡した。

母親によると、辰乃輔の死後、市教委の職員が自宅を訪れた。一度目は急な訪問だったために、母親は外で対応した。二度目は自宅に上がり、線香をあげた。さらに、一〇月、辰乃輔が中学一年当時の校長と教頭も自宅を訪れた。母親は教頭に「いじめは白か黒かです。グレーはない」と言った。教頭は当時、「いじめはグレーもある」と言っていたためだ。しかし、このとき、教頭は何も言わなかった。ただ、校長は「部活でいじめがあるのは知っていました。僕が動かなければいけなかった」と話したという。

調査委の実態調査がなされている最中に、いじめ被害者である生徒が自殺するのは異例のことだ。母親は「抗議の自殺というよりは、積みかさなったものがあったのでしょう」と語る。中学時代に受けたいじめのフラッシュバックがあった可能性もある。

「くやしい。子どもを守れるのはおとなです。子どもの悲痛な叫びを握りつぶしたのもおとなです。何気ない一言が子どもを死に追いやることをわかってほしい」

母親のこの声を、学校や市教委はどう受けとめるのであろうか。

川口市では一七年五月、女子中学生（享年一四）が自殺している。この問題で市教委は、報告書を作成。同級生からLINEで「うざい」などと言われたほか、六件でいじめを認定。いじめが自殺の「要因の一つ」としていた。遺族は同級生側を相手に提訴している。

6　いじめ防止対策推進法で何が変わったのか

本章では、奈良県橿原市でのいじめ自殺（一三年三月）と、相模原市中二いじめ自殺（一三年一一月）を紹介した。このふたつの事件にはさまれるかたちで成立したのが、いじめ防止対策推進法（いじめ防対法）である。いじめに関する法律が成立したのは、はじめてのこととなる。

きっかけは、大津市中二いじめ自殺事件であった。滋賀県大津市の中学二年の男子（享年一三）が、複数の同級生から壮絶ないじめを受け、一一年一〇月一一日に自宅マンションから飛びおり自殺をした。この事件をめぐっては、学校や大津市教育委員会の隠蔽や責任逃れが問題となり、一二年になってからマスコミに大きく取りあげられる。児童・生徒のいじめ自殺がこれまでになく世間に注目された結果、一三年六月に議員立法として国会で成立し、同年九月から施行されたのがいじめ防対法であった。

では、いじめ防対法の成立によって、何が変わったのか。これまでは、児童・生徒が安全に学校にかようための「安全配慮義務」はあった。だが、いじめ防止という具体的な課題があげられたことはなかった。同法によって、学校やその設置者は、いじめ防止のために取りくまなければならなくなった。その点で同法の成立には、評価できる部分がある。

しかし、いじめ防対法が成立してからも、いじめによる自殺、自殺未遂、不登校などがあとを絶たない。法の制定は、いじめ撲滅の第一歩にすぎないということだ。

いじめ防対法は、附則のなかで「施行後三年」をめどに改正が望まれている。そこには、社会の変化に応じて、法も改正する必要があるとの考えがうかがえる。だが、議員立法のため、国会が動かなければ改正は実現しない。施行されてから七年が経過したいまも、いじめ防対法の改正はおこなわれていない。

一方、文科省にはいじめ被害にあった児童・生徒の保護者や、自殺をした児童・生徒の遺族、関連団体からの要望が続々と届く。その対応として、文科省は「ガイドライン」を作成し、教育委員会や学校に対して助言や指導をおこなっている。ただし、「ガイドライン」には法的拘束力がない。よって、どれだけ助言や指導をしても、一義的には強制力はない。

こうした状況に対して、一部の国会議員が動いた。超党派の勉強会（座長は自民党の馳浩《はせひろし》衆院議員）が、一九年一二月に改正案を示したのである。いじめ被害者の家族や遺族、関係者の多くが、評価できる内容になっていた。思いきった内容であり、実現すれば現場のいじめ対策が活気づくものになるだろう、と私も思っていた。

しかし、改正案を元に小中高校の校長会からヒアリングをした結果、内容に反対する意見が多かった。そのため、改正案の内容は、当初のものから大きく後退し、議論は止まったままだ。

学校教育をめぐる環境や社会の状況は、変化し続けている。変化に対応するためには、いじめ防対法を現状に即したものに改正することが不可欠である。

だが、改正するためには、議員が腰を上げ、全国の小中学校の校長らが合意し、いじめの被害にあった児童・生徒の家族や遺族が合意するという、高いハードルをクリアしなければならない。そう考えると、なんのために国会議員が存在し、教育委員会が存在し、校長が存在するのかという「問題の原点」に立ちかえって議論をする必要に、私たちは迫られているのかもしれない。

一方、こうした議論をしている最中にも、いじめに悩み、苦しむ児童・生徒が全国に存在している。いじめをめぐる議論には、様々なスタンスの人や組織が存在し、それぞれの言い分を述べている。とはいえ、何よりも大切なことは、いま、どこかで、いじめられている子どもをいかにして救うかを考え、すぐに行動することであろう。

第四章
いじめ自殺は、きちんと調査されているのか

1 自治体によって、いじめの認定が異なる

文科省は、一九六六年から「児童生徒の問題行動・不登校等生徒指導上の諸課題に関する調査」（問題行動調査）を実施している。

不登校の調査は六六年からで、当初は五〇日以上の欠席者が対象だったが、九一年からは三〇日以上の欠席者もカウントしている。自殺は七四年から、いじめは八五年から、それぞれ調査をはじめた。また、二〇〇六年度からは公立だけでなく、独立行政法人や私立、特区制度による株式会社等が設置する小中学校や高校も調査対象に加えた。さらに、一三年からは高校の通信制課程も含めている。

一八年度の調査では、いじめの認知件数が五三万三九三三件と過去最高となった。調査対象を広げたことや、いじめの定義が変わり、定義の幅が広くなったことが理由であろう。いじめ防対法が一般にも認知されるようになり、保護者からの訴えも増えている。

そして、いじめの結果として、不登校や自殺未遂、自殺が発生した「重大事態」は、前年度から一二八件増えて六〇二件と、こちらも過去最高になった。ただし、あくまでもこの数字は学校が都道府県教委に報告している数であり、それを文科省は取りまとめているだけだ。

こうした認知件数は、都道府県により差がある。何を「いじめ」とするかは、教育現場に任

されている。そのため、積極的に認知しようとする姿勢があれば増え、そうでなければ減少する。

また、自殺の件数も増加傾向にある。一八年度は前年度から八二人増えて、三三二人となった。これも学校の認知件数を報告するものだ。学校側がなんらかの理由（遺族の意向を理由にすることもある）で、「自殺」ではなく「事故死」として扱う場合もある。このうち「いじめの問題」があった児童・生徒は九人（前年度から一人減）。「教職員との関係で悩み」は五人（前年度から二人減）。理由を「不明」とするケースがもっとも多い。積極的な調査をしていない可能性もある。

警察庁も自殺の理由を調べている。児童・生徒の自殺者は、一八年は三七六人（前年から八三人増）。自殺の理由を「いじめ」としたものが二人（前年から一人増）、「教師との人間関係」としてものが四人（前年から三人減）となっている。文科省の調査とは、死因が自殺であることを誰が判断したのかという点で違っている。

ところで、文科省は二〇年度に、不登校の原因を探るため、欠席が続く小・中学生から学校を介さずに聞きとり調査をおこなうことを決めている。文科省が直接、当事者の子どもから調査をするのははじめて。調査対象は数百人規模で、これまで学校の視点で不登校の調査をしてきたが、ようやくその方針を見直すことになる。文科省としては画期的な調査なのだろう。だが、不登校の調査がはじまって五〇年も経過したと考えると、遅すぎると言わざるをえない。

こうなると、不登校のみならず、いじめに関しても同様の調査がおこなわれてもよいような気がする。調査委員会の調査では、いじめか否か、重大事態か否かで、学校・教育委員会と子ども・保護者との意見が食いちがうことが少なくないからだ。

いじめについて文科省は、これまで述べたように定義を見直してきた。一三年にいじめ防対法が議員立法で成立すると、同年には文科大臣が「いじめの防止等のための基本方針」を決定。一七年、同方針を改定すると同時に、「いじめの重大事態の調査に関するガイドライン」を策定した。これらの法や方針を元に、文科省は教育委員会などに指導や助言をおこなっている。

努力義務ではあるが、いじめ防対法では都道府県や市町村にも、「地方いじめ防止基本方針」の策定を求めている。一八年度の問題行動調査によると、都道府県では一〇〇%になっているが、市町村では九三・七%のため、都道府県教委には市町村教委への支援が望まれている。

いじめ防対法にもとづき、教育委員会の付属機関としていじめ対策に関する常設の委員会を設置することができるが、都道府県では八三%、市町村では六七%の設置率であり、現状はいじめに対する自治体の備えが十分であるとはいえない。

また、いじめの結果、自傷行為や自殺、不登校などが起きた場合は「重大事態」と呼ばれ、常設か臨時の委員会で調査することになるが、この設置についての報告義務がない。

総務省は一八年、「いじめ防止対策の推進に関する調査」の結果を公表して、改善が必要な自治体や学校などを指導した。調査対象は、二一都道府県、二一都道府県教委、二〇都道府県公安委員会、四一市町村、五〇市町村教委、九九公立小学校、九九公立中学校、五一公立高校など。私立学校は調査の対象外となっている。

同調査によると、都道府県ごとのいじめの認知件数について、児童・生徒一〇〇〇人あたりの認知件数が全国平均で二三・八件。最大は京都府の九六・八件、最小は香川県の五・〇件で、一九・四倍の差がある。この差は、「いじめの定義をどう解釈するか」によって生じる違いだと考えられる（ちなみに、一七年度に文科省がおこなった「問題行動・不登校調査」では、認知件数の格差は一二・九倍となっている）。

調査結果を検証するときにもっとも重要なのは、教委が「法にもとづく措置」、すなわち重大事態の認定や報告、調査委を設置したかどうかである。たとえば、重大事態が発生した四〇教委のうち、法にもとづく措置の状況について回答があったのは三七教委で、重大事態と判断したのは一三九事案あった。しかし、学校から教委へ重大事態の発生を報告していない事案が一六あり、報告しない理由は、なんと学校が法を十分理解していない（一五事案）というものだった。

また、教委から地方公共団体の長への報告をしていないのは三事案あった。報告しない理由は、学校の対応に納得し、被害児童や保護者が重大事態の調査を希望しなかったのが一事案、調査報告書がまとまった段階で報告するのが望ましいと教委が判断したのが一事案であった。

教委から被害児童・生徒や保護者への報告がない事案は一九あり、報告しない理由は学校が重大事態と認識していないからであった。さらに、調査報告書を作成していない例も二五事案あった。法的には報告書を作成する規定がない、というのがその理由だった。

同調査の結果から垣間見えるのは、「いじめ」の定義に関する解釈が事実上、地域によって異なっていることだ。その結果、いじめの被害者がどの地域で暮らすかによって、救われる可能性に差異ができてしまうことになる。

また、いじめ事案に対する教委や学校の隠蔽体質も浮きぼりになった。重大事態が起きても調査報告書を作成しないことなど、許されてよいものなのか。子どもたちの命や人権を軽視し、いじめを理解しようと努力しない教委と学校の姿勢が、私には感じられる。

いずれにせよ、いじめに関する重大事態が起きた場合は、学校か教委、首長ができるだけ早く、いじめ防対法にもとづく調査委を設置すべきであろう。だが、調査委の設置には、いくつものハードルがあることも確かだ。そのひとつは、設置に関して法的な強制力がないこと。もうひとつは、いじめが明確に認知できない場合、設置されにくいという現実がある。

明らかないじめが認知できない理由には、発生したいじめを学校が「重大事態」だと認めたがらないケースも含まれる。その一例を見てみよう。

2　学校と教委のずさんないじめ自殺への対応——名古屋市・中学一年のいじめ自殺

二〇一八年一月五日、愛知県名古屋市名東区のマンション九階から、市立中学校の女子生徒・華子《はなこ》（享年一三）が転落し、死亡した。愛知県警は自殺と判断した。

名古屋市教育委員会（市教委）は遺族の求めに応じ、「いじめの重大事態」として常設の委員会「名古屋市いじめ対策検討会議」がいじめの有無や因果関係などを調査したが、「直接見聞きしたものはいない」とのことで、いじめは認められなかった。

以下、私がおこなった父親への取材を元に、華子が自殺してから調査がおこなわれるまでの過程を見てみよう。

華子は、一七年九月一日、関西地方の学校から転校。父親の転勤が理由だった。当初、友だちと離れるのがいやだったのか、華子は引っ越しを渋ったが、父親が説得した。一学期が終わる七月末には名古屋に来ていたが、二学期からの転校というかたちをとり、華子は一一月からソフトテニス部に正式入部した。

ソフトテニス部は、勤務七年目の顧問と一年目の顧問の二人で運営されていた。外部指導者も平日のみ、指導をしていた。平日は朝練習（七時半から八時）と放課後の練習があった。休日は午前八時から午後四時まで練習していた。

厳しすぎる部活のルール

一八年一月五日から七日まで、合宿が予定されていた。ちなみに、この合宿は学校の「ソフトテニス部」ではなく、私的なクラブとして実施されたという。学校は、部活動として合宿に行くことは認めていなかったため、部活動の顧問は、私的クラブとして部員を合宿に参加させていたのである。

校長や教頭としても、部活動と切りはなした私的クラブとして行く場合には、教育活動と違うものとして、関与していなかった。他方、ソフトテニス部員のほぼ全員が、合宿については事実上、部活動として行っていたという認識であった。

一月五日、華子は朝早くに家を出た。合宿の集合時間は六時四五分。目覚ましは五時一〇分にセットしてあった。自分で起きて、ひとりで家を出たため、朝は家族と会話していない。六時四五分ごろに「(華子が)まだ来ていない」と顧問から母親の携帯電話に連絡があった。すでに家を出ていたので、迷子になっているのではないか、と父親は思った。引っ越して四カ月。華子には、まだ土地勘がない。先生や部員たちが探しても見つからない。

その間、自宅マンション付近で近隣住民がジャージ姿で倒れている女子中学生を発見し、七時四五分ごろ一一〇番通報がされていた。下に警官がいるのを知った父親は、「これはおかしい」と思ってエレベーターで降りると、そこには規制線が張られていた。パトカーも止まっている。

警官に質問されたあと、自宅に刑事が入ってきた。「娘に何かあったんだ」と父親は思った。刑事は本棚やノートを見ている。捜査が落ちつくと、「九階に来てほしい。荷物が通路にあるので見てもらえるか」と言われた。行ってみると、娘の荷物だった。

続いて、警官から「病院に行っていただきたい」と告げられた。車で病院へ急いだ。病院には警官が待っており、緊急治療室へ案内された。そこには、いつもと変わらない寝顔で横たわっている華子がいた。顔にけがはない。寝ているような表情だった。

遺書やメモはない。日記も書いていない。携帯電話は使っていない。「みんなは持っているけど、私はいらない」と言っていた。LINEは、母親の携帯でやっていた。直前のやりとりでは、気になることはなかった。年末は一二月二八日まで部活だった。そのあとは、家で恋愛ドラマの再放送を一緒に見るなど、一月三日まではほとんど家族と一緒にいた。

ただし、有志でおこなわれるソフトテニス部の「クリスマスカップ」が一二月二四日に開催されたが、そこでなんらかのトラブルがあったと父親は考えている。具体的に何があったのかは聞いていないが、翌日はただ「疲れた」と言うだけだった。疲れていても、必ず着替えてから寝ていたが、二五日から二八日まで着替えずに寝ていた。

ちなみに、華子が所属した部活は、平日はもちろん、土日は八時から一六時まで練習していた。ブラック部活と言われても仕方がないルールもあった。ルーズリーフに手書きで書かれた〝ルールブック〟を、各部員が所持していた。先輩から引きついだものだ。

けがや病気で休んだとしても、とにかく休めばグラウンドを三周走らされる。そして、休むたびに三周ずつ増えていく。休みにくい雰囲気があった。また、ほかの部活よりも挨拶に厳しく、先輩が気づくまで挨拶をするというルールもあった。

学校と市教委のにぶい動き

華子が自殺して四日後の一九年一月九日、始業式で校長が全校生徒に向けて話をした。話す内容を両親が事前にもらうと、そこには「転落死」とあったので「自殺」に変えてもらった。

学校による調査では、遺族は無記名式のアンケートを希望したが、学校や名古屋市教育委員会（市教委）は「無記名では後追いがしにくい」とのことで、記名式での実施で押しきられた。対象は、華子と同学年の一年生のみと聞かされた。遺族が抗議し、全校生徒が対象となった。

アンケート当日の一月一〇日。父親は学校へ出向き、内容を確認した。「部活はいじめがひどいと聞いている」「上下関係が厳しく、いじめがある」など、いじめに言及した項目はあった。原本のコピーをもらうこともできた。とはいえ、校長が口にした「どうですか、お父さん。学校側が隠そうとしてないことがおわかりですか」という言葉が忘れられない。

このアンケートでは、華子が部活に入るときに妨害があったことや、「うざい」と言われていたこと、華子を除いたかたちでグループLINEが開設されていたことなどが明らかになった。記名式のアンケートによって、いじめの可能性が高いことがわかった。父親は、無記名式でのアンケートの実施を願いでた。学校側は、なかなか実施しなかったが、遺族によるねばり強い交渉の結果、二回目は一月二三日に無記名で実施された。内容について、父親が私に語る。

「二度目のアンケートで裏表にびっしり情報を書いてくれていた子がいました。そこには、部活を妨害し、娘にうざいと言っていたテニス部の子に、娘が『あなたたちに、私が何かしたの?』とたずねていたことが書かれていました。言われた子は、『私たち、そんなひどいことはしていない』と言っていたそうです。記入した子は、『あの子たちにとってはひどいことではなかったかもしれませんが、華子さんにとってはひどいことだったのかもしれません』と書いていました」

こうしたアンケートを踏まえ、一月二五日、華子の自殺をいじめの重大事態としてとらえているのか確認するため、父親は市教委あてに質問状を出した。すると「現在の状況は、ただちに『いじめ防止対策推進法』の『重大事態』とはとらえておりませんが、本件に関して、事実関係の詳細な調査を進めているところです」との回答が届いた。納得がいかず、何度も市教委に問いあわせたが、毎回、「証拠がない」と答えるだけだった。

文科省の「いじめの重大事態の調査に関するガイドライン」にはこうある。

自殺事案の場合、学校外のことで児童生徒が悩みを抱えていたと考えられるとしても、自殺に至るまでに学校が気付き、救うことができた可能性がある。したがって、いじめが背景にあるか否かにかかわらず、学校の設置者及び学校として、適切に事実関係を調査し、再発防止策を講ずる責任を有しているということを認識すること。

同じことは「子供の自殺が起きたときの背景調査の指針（改訂版）」にも記されている。

二月中旬になると、ようやく市教委は「父親からの申し出」を理由に、華子の自殺に関して「いじめの重大事態」として扱うと遺族に伝えた。これまでのアンケート結果を元に、聞きとり対象の生徒を九一人にしぼり、面談の同意があった六六人に聞きとりをおこなった。しかし、アンケートから浮かんだいじめのキーマンとなる生徒には、「親が協力をしてくれない」ため聞きとりはされなかった。

四月、市教委は「いじめの有無も踏まえ、直接的な自殺の要因は特定できない」という内容の報告書を提示した。アンケートには「いじめ」を疑う記述があるのにもかかわらず。その後、市教委に動きがないため、遺族は調査委員会（調査委）の設置を求めた。

調査委の設置を求める場合には、重大事態かどうかを当事者（被害当事者、被害者家族、遺族）が学校や教委に説明し、納得させなければならないのが実情だ。当事者は、ネットでいじめに関する法律やガイドラインは探せる。だが、それらを正確に解釈するためには、専門家の力が必要となる。

当事者VS学校・教委。両者の情報量には、圧倒的な格差が生じる。弁護士などとつながれればよいが、学校や教委との交渉に不得手な弁護士もいる。こうして、調査委が設置される前に、多くの当事者が疲弊していく。

第三者性が欠落した調査委

一九年九月、市教委は遺族の求めに応じ、「いじめ対策検討会議」(検討会議)で調査を継続した。調査には、遺族推薦のメンバーを含めない方針をとった。そもそも華子の自殺を調査するために組織された調査委ではない。

名古屋市いじめ対策検討会議条例によると、検討会議はいじめ防対法にもとづくいじめ防止に関する措置をおこなう「常設委員会」と、いじめによる自殺や不登校など「重大事態」が起きた場合に調査をする組織とを兼ねている。したがって「第三者性」はなく、市の内部組織が調査をしている状況に近い。

委員は八人。内訳は、名古屋市立大学の研究者が三人、元名古屋市立中学校の校長が一人、市立学校の関係者が四人。いずれも市とは利害関係にある者だ。元岡崎市の職員もいることから、行政側と思われても仕方がない委員が五人もいることになる。

検討会議による調査がスタートしても、遺族側の学校と市教委への不信感は払拭されなかった。聞きとりをする生徒が少なかったからだ。「調査として成りたつのか」と遺族は学校に問うたが、根拠もなく「成りたつ」と答えるばかりで、熱意が感じられない。

不信のあまり、父親は調査に関する資料の個人情報開示請求をした。しかし、出てきた資料は、捺印もサインもないようなものが多く、学校や市教委でおこなわれた会議や職員会議の議事録については「作成していない」とのことだった。

生徒に対する聞きとり調査の録音テープといった証拠も開示を請求していたが、開示当日になって「あるかないか、わからない。確認して、後日連絡する」と市教委に言われた。開示期限を一カ月延長して準備した結果としては、おそまつと言わざるをえない。後日、聞きとりの録音やメモはないことを市教委から告げられた。メモもなく、どうやって調査したのか。

情報開示後、学校に出向いた父親は「職員会議の議事録は残っていないか」と質問した。すると、学校は「ある」と言った。このことを市教委に伝えると、「学校は、職員会議の議事録を残しているが、娘さんのことが話題に出たことはなかったので、開示する資料には含まれない」という答えが返ってきた。生徒が自殺したのに、話題にならないというのは不自然だ。

一九年四月、検討会議が提示した調査報告書によれば、遺書がないことや、学級内も部活内も華子に対するいじめ行為を確認していないことから、自殺の原因は特定できないとされた。また、ソフトテニス部の練習などで疲弊しているなかで正月を迎え、正月明けに急激に現実に戻り、不安が大きくなったと推測し、学校といじめとの関係を否定的に扱った。

結果に納得がいかない遺族は、学校と市教委に再調査を求めた。一九年六月、再調査を求める要望書を市長に提出すると、市長は再調査を約束した。九月にはいじめ防対法に基づく市長の付属機関として再調査委員会を設置することになり、二〇年三月一四日に初会合を開いた。同年一二月までに調査報告書をまとめることとなった。

3　調査委が設置されるまでの高い壁

教員と子どものあいだで起きたことは、いじめではない？

愛知県丹羽《にわ》郡大口《おおぐちちょう》町の小学校で、いじめの指導をめぐって女子児童が傷つき、ＰＴＳＤと診断されるまでに至った。教師に叱責されたときの恐怖が原因で、児童にはいまでもフラッシュバックが起きている。指導した教師は、精神疾患を理由に休職をしていることから、大口町教育委員会（町教委）は調査ができないとしている。

二〇一八年一〇月一一日、小学五年生の綾乃（仮名、当時一〇歳）の母親は、学校生活について担任に相談した。すると、担任から「あなたの子どもが、ほかの子にいやがらせをしている」と言われた。同じクラスのＡという女子が綾乃からのいやがらせを受け、「学校へ行きたくない」と担任に訴えたというのである。

綾乃には、いやがらせをしている意識はなかった。しかし、いやがらせの事実確認がないまま、担任は綾乃の母親に「相手がいやな思いをしたら、それはいじめ」と語った。狐につままれたような状況のなか、家族会議の結果、「誤解を与えることもある」として、綾乃は〈悪いところがあったら直すので教えてください。ごめんなさい〉という内容の手紙をAに書いた。

一〇月一二日、綾乃がAに手紙をわたすことになり、その場に担任が立ちあった。このときも担任は事実確認をしなかった。町教委の説明では、Aには「そんなつもりはなかったので、気持ちをくんであげてね」と、綾乃には「ごめんねと素直に伝えて」と、それぞれ担任が助言・指導したという。

一方、保護者の言い分は異なる。担任は綾乃に、Aの前で手紙を読みあげるように指示し、謝罪することを求めた。綾乃の父親は、「娘は何が悪かったのかもわからないまま、五回も謝罪させられられました」と言う。

なぜ、綾乃は友だちに何度も謝罪をさせられることになったのか。母親は担任に「娘がしたことを教えてほしい」と連絡帳に書いて届けた。「お昼から五時間目のはじめ」と「児童集会の冒頭」に、担任から呼びだしがあったことから、ほかの児童から〝綾乃が何か悪いことをした〟と思われるようになったと父親は指摘する。

綾乃によれば、担任は「先生の言っていることがわからないの?」「あなたのそういうところがダメなのよ!」などと〝指導〟したという。反論できず、頭痛がひどくなったため、綾乃が立ちあがろうとすると、「話は終わっていません。座りなさい」と担任が続けた。その間、トイレをがまんした。この〝指導〟が、のちに綾乃のトラウマとなる。

担任から伝えられた「綾乃の問題点」は、「一緒に遊ぶ約束をしていたが、Aだけ取りのこされた」などの五つ。それに対して、綾乃には「みんなで探したが、そのときにはいなかった」など、五つの言い分がある。綾乃とAの話をしっかり聞けば、それが「いじめ」とはいえないような問題であることがわかる。

担任からの〝指導〟があった翌日から、綾乃は学校に行けなくなった。

一〇月一八日、不登校になった娘の状態を不信に思った父親が学校を訪問した。そのとき教頭は、「いまある情報ではいじめとは言えない」と述べた。綾乃がAをいじめていたとの認識がまちがっていたことを認め、担任が教務主任とともに、その後、確認が不十分だったことを謝罪した。だが、指導の方法が適切だったかどうかについては触れなかった。

一九年四月の綾乃の日記には「顔合わせたくない」「殺される」「自殺したい」「消えたい」とある。このころ心療内科に通院した結果、「適応障害」「うつ」との診断を受けている。

綾乃に対する担任の〝指導〟については、私の取材に対して町教委が「当時の担任が精神疾患となり、聞きとりができない」と答え、「あとから見れば、最初から学校全体として対応すればよかったと思うが、当時としては仕方がない」と付けくわえた。

教師による〝指導〟という名の「いじめ」が原因で綾乃が精神疾患になったため、いじめ防対法にもとづく調査委の設置を両親は町教委に求めた。しかし、町教委は「教員と子どものあいだで起きたことは、いじめではない」として、設置を拒否した。たしかに、法的にはそのとおりだ。

現在も叱責の恐怖から、綾乃は復学していない。町教委は、適応指導教室などで対応しているというが、いまは同教室にも行けていない。

父親は「まちがった指導をすれば、子どもが命を落としかねません」と訴える。

その後、一九年一二月には、いじめ防対法による重大事態としての対応を求めた。すると、校長は「いじめ防止対策推進法にある『いじめ』と認知しておりますが、『認定』はしておりません」と回答した。つまり、いじめの重大事態として対応しないとのことだった。

いじめられた側の意向を無視して組織されるもの

ここまで、いじめ案件が発生した場合に、まずいじめ認定とその先にある調査委の設置について、いかにハードルが高いのかを見てきた。

では、高いハードルを超えて設置された調査委が、どのような役割を担っているのか。ここで、調査委が何を目的にした組織で、どのような手順で調査をするのかを確認しておく。特に注目したいのは、児童・生徒と教師のあいだで起きたいじめ案件だ。

学校にかよう児童・生徒にいじめが発生した場合の対処については、いじめ防対法や文科省が定めたガイドラインがすべての指針になる。だが、それらは児童・生徒間のいじめに適用されるもので、児童・生徒と教員間のトラブルは対象外となる。山口県の男子高校生のいじめ自殺事件の再調査委員会は、遺族側の交渉により教員の行為を「いじめに類する行為」として調査対象にしたが、これは異例のことだった（七二頁参照）。

児童・生徒間のいじめ以外で子どもが自殺をした場合、調査委員会は「子供の自殺が起きたときの背景調査の指針」（「調査の指針」）を参考にする。指針は、「基本調査」と「詳細調査」とに分かれている。基本調査には、「調査対象と調査の主体」の項目があり、調査対象は「自殺又は自殺が疑われる死亡事案」であり、基本調査の主体は学校を想定している。一方、詳細調査では、「中立的な立場の外部専門家が参画した調査」をすることが必要であり、外部の専門家の人選については、「公平性・中立性の確保が必要」などとしている。

この「調査の指針」では、「自殺又は自殺が疑われる死亡事案」が対象になっているものの、自殺未遂やPTSDになった場合は対象にはならない。よって、愛知県丹羽郡の小学校で起きた教員の「指導」が原因で子どもがPTSDと診断されたケースは、調査の対象外となってしまう（二一一頁参照）。

つまり、教師の「指導」が原因で子どもがなんらかの影響を受け、自殺にまで至らないケースには、それに対応する法律も指針もないことを、私たちは知っておいたほうがよいと思う。ただし、法律や指針がなくても、自治体の柔軟な対応によって、調査委員会が設置されることもある。川崎市や大津市でのいじめ自殺では、いじめ防対法以前の案件でありながら、第三者調査委員会が設置された（一四三頁、一九四頁参照）。先に触れた、児童と教師間のいじめがあった愛知県丹羽郡の事案でも、町が独自に調査委員会を設置することは可能だったのである。調査委員会は、それぞれの自治体が作成する「設置要綱」にもとづいて設置される。要綱で注目すべきは、委員の人選だ。参考までに、どんな人に委員を委嘱するかを、いくつかの自治体の要綱から見てみよう。

〈山口県防府《ほうふ》市〉
委員は、弁護士、民生委員・児童委員、保護司、スクールカウンセラー、スクールソーシャルワーカー、人権擁護委員、少年安全サポーター等のうちから防府市教育委員会が委嘱する。

〈岩手県一関《いちのせき》市〉
委員は、弁護士、医師、学識経験者、心理若しくは福祉の専門的知識及び経験を有する者、その他教育委員会が必要と認める者のうちから、調査委員会の設置に先立ち、あらかじめ教育委員会が委嘱する。

〈山梨県南巨摩《みなみこま》郡身延《みのぶ》町《ちょう》〉
次に掲げる者のうちから町長が委嘱する。（1）法律に関する専門的知識を有する者（2）医療又は心理に関する専門的知識を有する者（3）学識経験を有する者

委員は、精神保健、心理学、社会福祉、法律、教育、青少年の健全育成等に識見を有する者のうちから必要の都度市長が委嘱する。

〈新潟県燕《つばめ》市〉

これを見れば明らかなように、いじめの当事者や遺族が推薦した人物やその関係者が委員になる仕組みは「ない」。当事者や遺族が関与すると、公正・中立さや客観性が損なわれるというのが、こうした仕組みで人選がなされる理由なのであろう。しかし、それを言うならば、教育委員会が人選に関わること自体、公正でもなければ中立でもない。

だが、この要綱も自治体の柔軟な対応によって、当事者の意向をくんだものを作ることができる。具体的な事例で見てみよう。

遺族が関わることができる調査委とは

二〇一二年七月三一日、新潟県立高田《たかだ》高校三年だった武志《たけし》（仮名、享年一七）が自室で電気コードを巻いて首を吊った。部活の顧問による「指導」があった直後に武志が自殺していることから、「指導死」の可能性が指摘された事例だ。

当初、新潟県教育委員会（県教委）は調査委の設置要綱を提示し、設置する目的は「自殺の原因究明ではなく、学校の報告書の検証」としたうえで、「委員の遺族推薦は、公正、中立、客観性に欠けるために認められない。公正、中立、客観性は教委が判断する」という意向を示した。

指導死の疑いがあるのに、自殺の原因究明をしない。また、委員の遺族推薦は認めず、人選は県教委がおこなうというのは、ほかの自治体と足並みをそろえた考え方である。こうしてきた調査委が、いったい何を調査するというのであろうか。遺族が納得しなかったのは、言うまでもない。

遺族は、県知事に対して、新たな要綱で調査委を設置すべく要望した。その結果、設置要綱には、部活を含めた事実経過と背景を明らかにすることや、明らかになった事実にもとづいて自殺の原因についての考察、さらに自殺前後の学校と県教委の対応についても考察することなどが盛りこまれた。

委員の人選については、学校や県教委、生徒の保護者と利害関係がないことや、「当該委員による中立かつ公平な調査を行うことができないと疑うに足る相当な理由があるとき、その他必要があると認めるときは、県教育委員会は当該委員を解嘱することができる」とした。さらに画期的だったのは、遺族にも委員の「解嘱を求めることができる」としたことだ。このほか、調査委は議事録を作成することや、調査や審議の過程で状況を遺族に「報告することが望ましい」とした。

自治体が自殺に関する調査委の設置について、こうした詳細な要綱を定めるのは珍しい。

一四年に設置された調査委は、一六年七月に報告書を発表した。報告書は、自殺直前にあった部活動の顧問からの指導が「常軌を逸した過酷なものとは必ずしも言えないものの、自殺の重要な契機の一つとなった」とした。さらに、学校での一連の生徒指導が「最大の要因であったことは否定できない」と指摘。指導が生徒を追いつめる可能性があることを真摯《しんし》に受けとめるよう、学校と県教委に要請した。また、自殺後の学校と県教委の対応にも問題があったと指摘した。

武志の父親は、「真実の究明という願いが、ひとつかなった」と述べ、報告書に一定の評価を示した。一方、県教委は報告書の内容を全面的に受けいれるとしながらも、「教員の生徒指導が要因の一つであることを否定するものではないが、主因であるとは考えていない」と述べ、あくまでも教師の「指導」が自殺の原因としては複数のなかのひとつだと強調した。

こうした県教委の考え方を疑問視した遺族は、一一月、米山隆一《よねやまりゅういち》知事に質問書を提出する。知事は記者会見で、顧問の指導は常軌を逸したものではないと述べ、県教委の見解を追認したのであった。

武志の指導死をめぐって設置された新潟の調査委。その設置要綱を意識して設置された調査委が別の自治体にある。鹿児島県奄美《あまみ》市の中学生の「指導死」に関する調査委だ。そして、奄美市の調査委の設置要綱には、新潟のものにはなかった項目をつけ足されている。それは、「資料の管理」だ。

奄美市の調査委の設置要綱によると、「収集した一切の調査関係資料で、調査委員会及び調査員が作成に関与した資料（調査資料）については、遺族と市の合意に基づいて、その取り扱いを定める」としている。この「遺族と市の合意」の元、「取り扱いを定める」という部分が重要なのである。

通常、調査委員会は、報告書を作成し、教育委員会に報告することで役割を終える。その後、調査で集めた資料は、教育委員会が保存・管理することになるが、本書で何度も触れたように多くの場合、教育委員会はいじめ事案の当事者でもある。したがって、保存しておくとみずからが不利となるような資料の扱いを当事者に任せてよいのか、という問題が生まれる。

奄美市の場合、調査委が解散してからの資料について、もう一方の当事者である遺族の合意の下で扱い方を決めることから、教育委員会に不利となるような資料であっても、保存される可能性が高まる。

調査委で議論の元になった資料の保存はもちろんのこと、調査委で何が話しあわれたのかというプロセスも記録し、のちに検証できるものにしなければならないと私は考える。

終章

学校と教育委員会の対応を問う

1 調査会の元会長による内部告発

いじめ予防をすることや、教員による指導を適切にすること。これらは最低限でも目指すべき教育現場の目標だろう。それでも、かならずしもいじめは予防できないし、適切さを欠く指導もおこなわれてしまう。そして、いじめ自殺を含めた重大事態や指導死などが起きたとき、公正な調査委員会（調査委）を迅速に立ちあげることが課題になる。

調査委が立ちあがったあとで重要になるのは、調査する側の視点ではないだろうか。現在、いじめの調査は、いじめ防対法の元でおこなわれる。多くの場合、教育委員会（教委）が事務局となり、調査委が設置される。また、そんななかで、調査委の不適切な対応がクローズアップされることがある。

千葉県流山《ながれやま》市のいじめ調査委員会である「市いじめ対策調査会」（調査会）の前会長をつとめた藤川大祐《ふじかわだいすけ》（千葉大学教育学部教授、教育方法学）は二〇一九年一〇月、文科省の記者クラブで会見し、流山市教育委員会（市教委）の対応を批判した。前会長が公の場で、みずからが会長をつとめた調査会を批判するのは珍しい。

藤川が会見で明らかにした市教委の法令違反は、（一）法による「重大事態」が発生していたが、市教委はなかなか認めなかった、（二）市条例によると、市教委が調査をおこなう場合、調査会に委託することになっているが、数カ月の間、委託せず、市教委関係職員が調査をした、(三)市条例では、調査会の会長や副会長は互選で決めることになっているが、二年以上、決定していなかった――の三点だ。

調査会が作成した「第二次中間報告」(一九年五月三一日作成)によると、被害生徒は男子で、一七年当時は市立中学三年だった。調査の対象になるのは中学時代のいじめだった。だが、小学時代のいじめも重大事態である可能性が高く、そのいじめが中学生になってからの被害生徒に影響を与えているであろうことがうかがえた。小学当時のいじめについても調査する必要があったが、小学校も市教委も法にもとづく調査をしていない。

藤川の視点は、SOSを発信する側としての子どもの問題ではなく、それを受けとる側のおとなの問題だという視点である。

中間報告では、中学校時代について、「(男子生徒が)明示的にいじめ被害を繰り返し訴えていた」、「仮にこうした状況で学校が『いじめはない』と断言していれば、そうした学校の態度は被害者側に深刻な絶望を与えるものであり、自殺や不登校の可能性を高める」とした。

「被害者の聞きとりはある程度できたが、苦痛がまだ続いている。最終報告書がいつ出るのかわからない。そのため、市教委の対応について内部告発するしかなかった」と藤川が語る。

任期中に中間報告までは終えたが、最終報告まではたどり着けなかった。藤川は一五年六月から委員となり、はじめて会議に参加したのは一七年三月。その後も同年八月に自身が会長となるまで調査ができなかった。

市教委の事務局による日程調整がいい加減で、藤川が出席できない日程が組まれる。だから、二年近く、会議に出られなかった。事務局から欠席したときの会議の報告もない。

会長になってからは調査体制を整え、被害者側のヒアリングを実施したうえで、「第一次中間報告」（二〇一七年一二月二七日作成）を出すことができた。だが、調査における市教委の対応の悪さから、保護者との関係が悪化してしまった。被害生徒は中学校を卒業してからも、いじめの後遺症で苦しんだ。その後、保護者への聞きとりをすすめ、一九年五月末に第二次中間報告を出した。藤川は、調査会の会長を任期で終えることを希望しつつも、最終報告が出るまでは対応したいと市教委に申しいれたが、断られた。

以上のような内部告発に至る前に、藤川は市教委に「被害者が苦しんでいることを認めたうえで対応を」と意見を述べた。それが聞きいれられなかったので、やむなく会見という手段をとった。会見後、私がおこなったインタビューに藤川はこう答えている。

「調査委はスタートの時点が大切だ。重大事態を認定後、すぐに立ちあげなければならない。流山市の件では、そもそも認定が遅い。児童・生徒の聞きとりの日程も、すぐに確保しなければならない。遅れれば児童・生徒の記憶が薄れるし、被害が続くことにもなる」

もちろん、いじめには誤解の可能性もある。事実の確定がむずかしいときには、被害者と加害者の話を突きあわせる。それでも確定できない場合は、両論併記でもかまわない。結論に誘導するのではなく、自白偏重にならず、無理なく話してもらう雰囲気をつくり、かつ証拠を積みかさねていく。調査委は、警察でも裁判所でもないのだから。

会見後、市教委はホームページで「引き続き学校及び各機関と連携し、児童生徒の気持ちに寄り添いながら、いじめ問題にしっかりと向き合ってまいります」などと発表するのみで、藤川の批判には答えていない。

2 子どもの目線で問題に取りくむ調査委のメンバーの存在

調査委の問題として指摘されるのは、初歩的なものや根本的なものが多い。いじめで亡くなった、あるいはいじめの被害にあった子どもの声なき声を拾い、どこまで事実に近づけるか。いかにして子どもの目線で事実を認定するか。それができていない調査委が多いのである。以上の点を考えるヒントとして、第三章の冒頭で取りあげた二〇一〇年の川崎市いじめ自殺の調査委について振りかえってみたい。

調査委のメンバーのひとりであった渡邉信二《わたなべしんじ》は当時、市教委の職員だった。現在は小学校の教壇に立つ。「真矢が亡くなった」と連絡があったとき、渡邉は「もし自分が真矢さんの立場だったら、もし自分が遺族だったら、と考えた」と振りかえる。だから、渡邉がまず手を付けた作業は、真矢が残した遺書を何度も読みこむことだった。

当初、調査委のメンバーたちが生徒たちから聞きとりをしていた。しかし、なかなかうまく進まない。メンバーが学校に常駐し、生徒らとなじんだうえで、聞きとりをするのはどうか、という話になった。渡邉が学校常駐の担当になる。

生徒との面接を重ねるなかで、真矢らしいエピソードを聞きとることができた。子どもたちに話してもらうためには、話を聞く側の動機を明らかにして、それに共感してもらう必要がある。「一方通行のQ&Aではなく、生徒と対話ができる職員が調査委にいなければならない」と渡邉はいう。

授業でおこなうスピーチの際、真矢が自作の物語を読んだことがあった。ある生徒が、そのときのメモを渡邉にわたした。物語の内容は、以下のようなクリスマスに関するものだ。要約して紹介しよう。

両親を亡くした弟は、子守唄を聞いたことがない。だから、クリスマスになると、子守歌を聴くことができるオルゴールをほしがった。兄は毎年、「今年こそ、プレゼントしよう……」と思う。だが、お金がない。

ある年のクリスマス前。兄は弟に「今年はお前がよい子にしてたね。信じて待っていればサンタはかならず来るから」と言っていた。そして、クリスマスの前日。兄はオルゴールを買って、弟の枕元に置いた。

翌朝、弟が目覚めると、オルゴールの横で兄が死んでいた。兄は、お金を稼ぐために必死で働いていた。そんな兄を見ながら、弟は「寝ている兄に子守唄を歌ってあげよう」と、オルゴールの曲にのせながら子守歌を歌った。

この物語を真矢が読んだとき、教室からは笑いがもれたという。渡邉は、そんな教室の雰囲気に違和感を抱きつつ、「クラスの雰囲気というものは流動的で、へたをすると集団でひとりの尊厳を傷つけるようなこともある」と述べる。

物語の最後には、「当たり前の日常がどんなに心温まることか。それを感じてください」と書かれていた。「それが真矢が望んでいた学校生活であり、誰かが誰かに脅かされたり、顔色をうかがったり、自分の呼吸を押し殺すようなものは望んでいなかったはず」と渡邉は考えている。

現在、渡邉は、真矢が作ったこの物語を小学校の道徳の授業で使う。すると、なかにはいじめを告白してくる子どももいるという。告白されたいじめについて、さらに授業で取りあげる。そうすることによって、子どもたちはいじめを理解していくのだと渡邉は言う。

同級生への聞きとりを進めるなかで、真矢が人の見ていないところで人助けをしているエピソードを知る。そんな真矢に興味を抱いた渡邉は、生徒や教職員への聞きとりだけでは足りないと考え、真矢の自宅に行く。

真矢がどんなことを書いていたのか。どんな音楽を聴いていたのか。そして、どう生きていたのか。もっと知りたいと思っていたときに、両親から「部屋をすべて見てください」と言われた。

真矢が愛読していた漫画『鋼の錬金術師』も読んだ。セリフには、「痛みを伴わない教訓には意味がない」「人は何かの犠牲なしに何も得ることができないのだから」というものがある。真矢のことを知るにつけ、自分を犠牲にして、ほかの同級生へのいじめを止めさせるために彼は自殺したのではないか、と渡邉は想像するようになった。

このように、調査委のメンバーであった渡邉は、亡くなった生徒の身になって調査し、考えた。そうした姿勢で取りくめたのは、それを許容した市教委と調査委の存在があったからだ。

自殺対策基本法では、学校での「SOSの出し方教育」が推奨されている。この教育は、子どもが危機に陥ったり、陥りそうになったときに、身近にいるおとなへ適切に援助を求められるようにすることと、身近にいるおとながその求めに応じ、支援をするような教育をいう。

渡邉は、そのやり方を採用しない。理由は、「子どもたちは、上から与えられたものは実行しない」からであり、「子どもたちの内的なものではないから」である。子どもたちが自発的にサインを出すことができる。そんな雰囲気や関係性を作りあげることが大切だ。SOSを発信する側としての子どもの問題ではなく、それを受けとる側のおとなの問題だという視点である。

こうした実践は、多くの教師を刺激している。スキルを聞いてくる教師もいる。他方、渡邉の願いや迷い、スキルのバックボーンは聞いてこないという。いまの教師は事務仕事で忙しすぎる。仕事を家に持ちかえっている者も多い。

ところで、「教師」の人気が低下しているようだ。「ブラック職場」として見られているのが一因だとも言われる。いじめや不適切な指導を改善するには、まず教師の労働の質を見直す必要があるのかもしれない。そうした状況が、子どもの自殺のサインを見逃したり、いじめに対して適切な対応が取れないことの原因になっている可能性があるからだ。

人気の指標となるもののひとつが教員採用試験の倍率で、年々低下し続けている。文科省の調査では、一九年度は全体で四・二倍。前年度比で〇・七ポイント減少。〇〇年度の一三・三倍と比較すると、三分の一に落ちこんだ。とくに小学校の人気がない。各都道府県の教育委員会などでは、採用試験の受験者数を確保しようと工夫している。

東京都教育委員会によると、二〇年度の採用試験は、小学校で二・四倍。中学校や高校、特別支援学校をあわせても、倍率は三・八倍だ。ピークだった一四年度は、七倍だった。受験者数の確保は課題で、社会人などの特例選考では、一〇年度の採用から受験可能年齢を五九歳まで引きあげた。

また、宮崎県教育委員会は、二〇年度の採用試験では試験会場を増やし、宮崎市だけでなく、東京都や福岡市でも試験をおこなう。県外で会場を設けるのは初めてで、小学校の受験区分には「体育枠」も新設する。

人気低迷の要因のひとつが、長い労働時間だと言われている。経済協力開発機構（OECD）の調査では、中学教師の労働時間は、四八の加盟国・地域で日本が世界一長い。一週間の労働時間は五六時間（OECDの平均は三八・三時間）。部活動などを含めた課外活動の指導時間は七・五時間（同、平均一・九時間）。一方で、授業時間は一八時間で、OECDの平均である二〇・三時間を下回る。こうした数字を見ていると、子どもとの接し方という前に、教員の働き方を変えていくことが、いじめへの対応や不適切な指導を見直すために、まっさきに必要なことだと私は考える。

一般に公立学校の場合、所定の労働時間は一日七時間四五分。六時間を超えると、四五分の休憩を取る。しかし、授業がない時間や休み時間、昼休みなどは、純粋な休憩時間として扱うのはむずかしい。ほかにも、授業研究はもちろん、児童・生徒の指導に関する業務や会議などがある。

文科省は一九年一月二五日、中央教育審議会（中教審）の議論を経て、「公立学校の教師の勤務時間の上限に関するガイドライン」を発表した。ここで言う「勤務時間」は、「校内に在校している在校時間」が基本であるが、「職務として行う研修への参加や児童生徒等の引率等」も校外の勤務時間として含めている。

そのうえで、残業時間が一カ月で四五時間、年間で三六〇時間を超えないこととしている。ただし、「臨時的な特別の事情」を考慮すると年間で七二〇時間を超えないようにする、とした。単純に計算して、年間で一日一時間程度の残業時間にしなければならない。

そんなことが、実現可能なのだろうか。一六年度の「教員勤務実態調査」によると、一日あたりの学内での勤務時間は、小学校で一一時間一五分、中学校で一一時間三二分が平均である。つまり、一日あたり四時間前後も残業しているのだ。こうした労働の実態を見ただけでも、「ブラック」な現場だということがわかる。

しかも、このガイドラインでは、「教員の自発的な判断による」時間は、労働基準法の「労働時間」に含まれない。文科省がどれだけ効率化を求め、それを実践しても、そもそも各教師の仕事量が減らないかぎり、職場環境の改善はむずかしいのではないか。

こうした労働環境にあり、かつ教員数も減っていた。文科省の学校教員統計（代替教員および実習助手を除く）によると、一六年度の小学校の教員数は、三八万一一人。一三年度の三八万四九五六人と比較すると約五〇〇〇人が、一九九八年度の三九万七〇九三人と比較すると一万七〇〇〇人以上も減少している。

他方、一六年度の中学校の教員数は、二三万二五一三人。一三年度の二三万三九八六人と比較すると約一五〇〇人、九八年度の二五万四一〇一人と比較すると二万二〇〇〇人も減っている。高校を見ると、一六年度が二二万六八〇一人で一三年度が二二万六七三二人と、ほぼ横ばいだが、九八年度の二六万六二〇五人と比べれば四万人ほど減少している。

少子化との関連もあろうかと思うが、基本的に教員数の減少は仕事の多忙化を意味する。学校の校務分掌（運営上の業務分担）は、学校の規模に関係なく、一定の量がある。児童・生徒数やクラス数が減少しても、生徒指導や進路指導、教務主任、学年主任、クラス担任といった役割分担は変わらないのだ。また、PTAなど保護者との関係や入学式、卒業式、遠足、修学旅行、文化祭、体育祭など学校内の行事、インターネットの指導やいじめ対策なども業務に含まれる。

児童・生徒数が多ければクラスも増え、必要な教員数も増える。そして、業務の分担が可能となる。だが、昨今の児童・生徒数の減少により、学校ごとに必要な教員数も減る。ようは、仕事は減らないのに、教員が減っているのだ。

教師に対する過剰な業務負担や現場の歪みからか、精神疾患によって休職する教師が増える傾向にある。「公立学校教職員の人事行政状況調査」（文科省）によると、精神疾患による教師の病気休職者数は一八年度が五二一二人で、一四年度から五〇〇〇人前後を推移している。

教師に過剰な負担がかかれば、精神疾患になる者が出るのも当然であろう。ただでさえ教師の数が足りないところに、休職者が増えれば、学校での労働がますますブラック化していくことは目に見えている。また、心を病んだ教師がそのまま勤務を続ければ、児童・生徒間のいじめに対応するが困難になることが予想される。さらに、児童・生徒に対する教師の不適切な指導の増加も懸念される。いじめの対応にも力を注ぐことがむずかしくなる。

文科省をはじめとする学校関係者がなすべき課題は、まず教師の職場環境を整えることだ。教師という職業の人気を高め、優秀な人材を採用しようとする努力が必要であろう。それと同時に、教員志望の大学生に対して、現状でおこなわれているような「いじめ」や「生活指導」に関する心許ない教育を、充実させることが求められる。このままでは、現場に出てから迷ったり苦労する教師が増えるだけだ。

3 教師の体罰・暴言を防ぐための取りくみ

そんな状況のなか、教員養成の段階で何ができるのであろうか。

日本体育大学（日体大）は、二〇一三年に「反体罰・反暴力宣言」をした。後述する「桜宮高校事件」を受けたかたちの宣言だ。そして、一六年からは、「学校・部活動における重大事件・事故から学ぶ研修会」を開催している。学校生活や部活動では事故が起きたり、体罰を含む不適切な指導がおこなわれると、児童・生徒が命を落としたり、自殺することもある。研修会の狙いは、被害当事者や遺族の話を、教員・スポーツ指導者志望の学生が直接聞き、再発防止へとつなげることである。

研修会を主催するのは南部《なんぶ》さおり（武道教育学科准教授）だ。南部が学校事故と向きあいはじめたのは、息子が柔道で頭部外傷を負ったという保護者と出会った〇七年ごろ。当時、横浜市立大学の法医学教室に所属していた南部は、「乳幼児揺さぶられ症候群」の研究をしていた。そんな南部は、保護者から「柔道では畳に頭をぶつけなくても、急性硬膜下血腫《こうまくかけっしゅ》が起きることはあるのか」と相談を受け、裁判上のアドバイスをすることになった。そのことがきっかけとなり、次第に学校事故被害者やその弁護士たちに南部の活動が口コミで広がった。

「学校事故では、被害者や遺族は学校とどう闘ってよいか、途方に暮れていました。学校管理下で起きた事故なのですから、『実際に何が起きたのか』を保護者は知るよしもない。事故の証拠はすべて学校側が握っているため、どうとでもねじ曲げることができるからです。私は、被害者である子どもたちの医療記録や裁判記録を片っぱしから読み、『そこで何があったのか』を科学的に推論してゆく作業に協力するようになりました。じつは、これは法医学でおこなわれる方法論なのです」（南部）

その後、南部は日体大に赴任した。体育教師を多く輩出し、スポーツ界に多大な影響力と発信力を持つ日体大で、学生たちに命と安全指導の大切さを教えることが、学校やスポーツ現場でこれ以上の被害者を出さないための近道であると考えた。

じつは、学校や部活動での事故被害者や事故で子どもを亡くした遺族は日体大に対して、よい印象を持っていなかった。なぜなら、事故を起こしたり、体罰をおこなった当事者である体育教師や部活の顧問の出身大学のひとつが、日体大だったからである。

「私が日体大に移ると話したとき、被害者や遺族たちは複雑な表情をしました。私が行くからには日体大を変えようと思いました」と日体大赴任時の心境を南部は語る。

一六年五月、学校事故や事件の被害者、遺族関係者による「全国学校事故・事件を語る会」の集会が開かれた。同会は、「兵庫学校事故・事件遺族の会」を母体にして〇三年に発足した組織だ。集会に参加した南部は、スピーチで日体大を「みんなで変えよう」と宣言した。

赴任直後は、大学に被害者を呼んで研修会を開く、というイベントの提案をした。一介の新規採用教員が大きなイベントの企画を上層部に直談判したことは異例だった。前学長の〝鶴の一声〟で、南部が提案したこの画期的な取りくみが実現した。

「日体大は、スポーツ事故や体罰に関する学生教育を重視している。この研修会は、そのことを対外的にアピールする場になった」(南部)

一八年四月、南部のこうした取りくみを組織的にバックアップするため、「スポーツ危機管理研究所」が日体大に設置された。

これまで体育大学では、スポーツの危機管理については、各科目のなかで教えてきた。スポーツのポジティブな面を教えることは、学生のモチベーションを高める。一方、事故や事件などのネガティブな面を伝えると、学生が萎縮するのではないか指摘する声もある。

みずからの役割について、南部は「体育系の大学には、危機管理や体罰、スポーツ事故に特化した専門家はほとんどいません。そのため、ほかの大学からはうらやましがられている。学生たちは、事故の実例をたくさん聞かされ、『教師になるのが怖くなった』と言います。でも、教師は、生徒の人生を左右しかねない存在です。その怖さを知らないで教師になることのほうが恐ろしいことです」という。

事故の生々しい実態を知る。つまり、スポーツはリスクを負っているということを、きちんと学生に教える。それが教育だ。最悪の事態を知っていれば、水際で止められる可能性がある。学生には、スポーツのネガティブな部分を知る権利があり、教員にはそれを教える義務があると南部は考えている。

あらためて、聞いてみる。なぜ、体罰はダメなのか？

「授業や部活においては、おとなであり、絶対的権力を持つ指導者により、弱い立場の子どもが反論できないなかで暴力がおこなわれる。そんな状況は、フェアではない。体罰は、スポーツが本来持っている『ルールの元では平等』という価値観を否定する。スポーツの現場に暴力や体罰がはびこれば、子どもたちは指導者の顔色を見て動くことになる。指導者に怒られないようにすること自体が、スポーツを継続する動機づけになってしまう」

スポーツ指導に変化をもたらした事件がある。いわゆる「桜宮《さくらのみや》事件」だ。

一二年一二月、大阪市立桜宮高校のバスケットボール部のキャプテンが、当時の顧問（日体大OB）の体罰と暴言によって自殺した。これを受けて、大阪市は一三年一月、「体罰・暴力行為等対策本部」を設置した。暴行と傷害の罪で在宅起訴された元顧問は、同年九月に大阪地裁で懲役一年、執行猶予三年の有罪判決を言いわたされた。また、遺族が大阪市に対して民事訴訟をおこし、東京地裁は体罰と自殺の因果関係を認定。大阪市に七五〇〇万円の賠償を命じた。

南部はこの事件が与えた影響について、こう評価した。

「〝桜宮以前〟とか〝桜宮以後〟という言い方がある。この事件を機に、スポーツ指導の論じ方が変わってきた。事件以後、部活における体罰は明らかに減った。他方、殴らなくなったものの、暴言が増えている。〝桜宮以後〟を生きるいまの学生は、部活での顧問の暴言に苦しんでいるのではないか」

「運動部活動の在り方に関する総合的なガイドライン」（一八年三月、スポーツ庁が策定）や「文化部活動の在り方に関する総合的なガイドライン」（同年一二月、文化庁が策定）には、「許されない」ものとして、体罰だけでなく「生徒の人格を傷つける言動」、つまり暴言が入った。だが、文科省が注視しているのは、あくまでも体罰である。「体罰根絶に向けた取組の徹底について（通知）」（一三年八月九日付など）はあるが、暴言に関する通知はおこなわれていない。

児童への身体的虐待と同様に、暴力によるけがであれば証拠が残る。しかし、暴言はほかの人に聞かれない場所でなされることもあり、証拠が残りにくい。子どもが暴言を録音しようと考えても、教師が機材を取りあげてしまう場合がある。そして、暴言だけで子どもを追いつめ、死に追いやるのも指導死のひとつのパターンだと言える。

南部らが実践する研修を受けた学生は、「体罰や暴言はダメなんだ」という意識を強める。だが、それだけで教育現場での体罰や暴言がなくなるわけではない。日体大出身者に対しては〝厳しい指導をする〟という期待を込められて、学校に採用されることもあるからだ。

「日体大を出て、指導者として学校に就職した卒業生たちは、そういった学校側の期待に応えざるをえない場面もあると思う。体罰や暴言に関する考え方が変化している最中に、現場に行くのは大変なこと。それでも、体罰や暴言はダメと断言できる姿勢を身につけて、卒業してほしい」（南部）

教育現場を変えるためには、教員養成の段階から変えなければならない。南部と日体大のチャレンジは、はじまったばかりだ。

4 求められているのは人材の育成

教師が生徒を指導する際、参考にするのが「生徒指導提要」（提要）である。文科省によれば、この「提要」は「小学校段階から高等学校段階までの生徒指導の理論・考え方や実際の指導方法等を、時代の変化に即して網羅的にまとめたもの」だという。

「提要」には、体罰に関する記述はある。だが、法的な効力がないので、「提要」だけでは教師による生徒指導の逸脱を明確に指摘できない。生徒指導に関わる教師の誰もが参考にしているにもかかわらず、あくまでも「指針」としてしか機能していない。

では、「提要」を生徒指導に関するマニュアル、それも実効性のあるものとして機能させるためには、どうすべきか。

いじめ問題では、不十分な部分があるものの、いじめ防対法が成立した。この「法」というものが機能していることによって、救われている子どもがいるのも事実である。東日本大震災の大津波で児童七〇人が亡くなった大川《おおかわ》小学校の遺族が、宮城県と石巻市に損害賠償を求めた裁判では、最高裁で遺族勝訴となった要因のひとつに、学校における保健管理と安全管理に関して定めた「学校保健安全法」の存在があった。

このように、学校でのいじめや事故に対応する法律が少しずつ整備されるなか、生徒指導に関しては「提要」という「指針」を法制化することにも意味があるのではないか。もちろん、「提要」の内容は、子どもの権利を重視したものにするという前提だ。

「提要」の法制化とならんで、私が必要だと考えるのは、「いじめ担当教員」をすべての学校に導入するという取りくみだ。

大津市中二いじめ自殺事件がきっかけとなっていじめ防対法が成立したことは、すでに三章で述べた。大津市は、事件の翌年となる一二年から、いじめ対策を担当する教員をいくつかの小・中学校に配置するようになり、いじめ担当の教員数は年々増えている。

学校でのいじめを減らしていくための対策として、いじめに特化した教員だけでは不十分なことは、言うまでもない。児童・生徒に対する教師の不適切な指導をチェックするような仕組みも必要だ。これは指導死をなくしていくために必要な取りくみでもあるが、その点に関する文科省の動きはにぶいと言わざるをえない。

都道府県や市町村といった各自治体が、すぐにできることもある。いじめ問題や不適切指導では、学校や教委が当事者になることが多い。だからこそ、事実の改ざんや情報の隠蔽が発生するとも言える。ならば、学校や教委を除いたかたちで第三者性を確保するひとつの手段として、首長がいじめ問題に直接、対応するのも一案だと私は考える。

年間で約一八〇件のいじめが認知されている大阪府寝屋川《ねやがわ》市では、市長直轄の「監査課」を新設し、第三者機関に近い立場でいじめの調査にあたる。具体的には、いじめの通報窓口を設け、「監査課」にケースワーカーを配置する。そして、いじめの通報を受けたら、当事者への聞きとりなどの調査を開始する。ようは、一般的な自治体では、調査委員会や第三者委員会が担っている役割を、行政が担うという話である。

いじめ防対法の改正が求められて、すでに多くの時間が経過した。いじめの定義からはじまり、防止措置、重大事態の調査、調査メンバーの構成などの条項を変えるための改正案は、何度も議論され、そのたびに頓挫《とんざ》している。いつになったら改正されるかわからない状況のなか、いまもいじめに苦しむ子どもは全国各地に、確実に存在している。

本書で多くの事例を示したとおり、いじめに直面している子どもは、数知れない。児童・生徒同士のいじめに悩み、教師による「指導」というじめに直面している子どもは、数知れない。その子どもたちにとっては、国会でいじめ防対法が改正されるかどうかなど、どうでもよいことだ。大津市や岐阜市、寝屋川市が実践しているような、即効性のある対応が求められている。

また、多くの当事者や遺族は、「どんなことがあったのか」という事実を確定することを望む。そのうえで、再発防止を望む。調査委や裁判で事実が認定がされるものの、必ずしも当事者や遺族が知っている内容が採用されるとは限らない。裁判記録や調査報告書などは、その段階で認定された事実にすぎない。

兵庫県神戸市で、小学校五年の男子が同級生からのいじめを受けた事件については、事件から一五年が経過してから調査委員会の設置が決まった。当初、市教委は「いじめは確認できない」としていたが、家族の粘りづよい交渉の結果、設置された。事件当時の裁判で、いじめは認定されている。当事者と家族が知りたいのは、当時の学校の対応なのである。

文科省は、二〇一八年度からスクールロイヤーの導入をはじめた。学校問題の法律的解決を目指すものだ。しかし、学校との交渉をする際には、いじめや不適切な指導を受けた当事者には圧倒的な情報格差がある。そんなとき、当事者も弁護士をつけることがあるが、学校問題はある意味で特殊なものだ。経験や関心がなければ、学校の独特な慣習や制度は突破できない。裁判も同様で、弁護士がきちんと対応できなければ、当事者たちが救われる可能性が低くなる。

そもそも、なぜ自殺や自殺未遂、自傷行為などを起こす子どもがいるのか。そのメカニズムについて、教育関係者は一定の知識を得る必要がある。みずからのいじめ対応や不適切な指導が、引き金になりうることも知っておくべきであろう。

この「終章」を書いているとき、大津市が市長交代を受けて、「いじめ関連予算」について、前年度の二五％に当たる約一六三〇万円を削減することを発表した。さらに、首長直轄だった「いじめ対策推進室」を市教委に集約する。午後五時から午前九時までの電話相談も廃止されることになった。「子どもが直面している問題はいじめだけではない」として、行政がいじめ問題に特化する姿勢を、マイナスの意味で改めることになる。

百歩譲って、兵庫県川西市の「子どもオンブズマン」制度のように子どもの権利を尊重する立場ならば、「いじめに特化する」ことをやめることの意義は認めよう。だが、いじめ防対法が成立した背景には、「大津市」でのいじめ自殺があったことを私は忘れられない。ある意味で、いじめ対策の先端を走っていた大津市が、いじめに関する事業を見直すことで、全国の都道府県・市町村におけるいじめ対策が後退ムードになることを危惧せざるをえない。

いずれにしても、目先のいじめを解決するために、私たちは何ができるのかを考えることが大切だ。いじめを他人事と思わない。学校であれ、社会に出てからであれ、自分も直面する可能性がある問題——いじめをそのようにとらえるような姿勢が、私たちには必要なのかもしれない。

あとがき

本書を校正していた二〇二〇年二月二七日。いじめ防対法成立のきっかけとなった滋賀県大津市のいじめ自殺の、大阪高裁（佐村浩之《さむらひろゆき》裁判長）判決があった。一一年一〇月に男子生徒（享年一三）が自殺したのはいじめが原因として、遺族が加害生徒らに対し損害賠償を求めていた。判決では、一審の大津地裁（西岡繁靖《にしおかしげやす》裁判長）と同様に、不法行為としてのいじめを認めた。そして、いじめ自殺の可能性は社会一般に広く知られていたことで、通常予見しうる損害（通常損害）として、いじめと自殺の因果関係（相当因果関係）も認めた。

当初、市の教育委員会が調査したとき、いじめとの因果関係は不明としていた。その後、両親は市や加害生徒や保護者を相手に損害賠償を求めて提訴。市は、その過程で市教委の調査が不十分だとして、第三者調査委員会を設置。一三年一月、「いじめが自殺の直接原因」とする調査結果を発表した。一九項目がいじめと判断されたが、とくに「自殺の練習」をさせられていたことはメディアやＳＮＳで大きな話題となった。一五年三月、訴訟中に市が責任を認め、遺族と和解した。ただし、加害生徒らとの訴訟は継続していた。

いじめ自殺は一九八〇年代以降、社会問題化した。いじめには自殺に至る可能性があることに関して、文部行政のなかでの認識は広まっている。今回の判決は「通常損害」と判断したが、学校の現場では、自殺を含めた、いじめによる被害であるとの認識を持つことが求められたと言えるのではないか。

これまでの裁判では、なかなか自殺の予見可能性が認められていない。高裁では初めてで、画期的な判決だ。いじめ自殺や指導死の司法判断として、この判決が金字塔になることを期待したい。

ただし、今回の判決では、亡くなった生徒の両親が当時、別居していたことなどを踏まえて、親が「男子生徒を精神的に支えられなかった」ことなどが指摘された。結果、賠償額が四割も減額された。被害者や遺族は、多くの場合、お金のために裁判をやっているわけではない。だから、事実認定や予見可能性が認定されただけでも裁判をやった意味がある。

一方、賠償額は加害者や学校に対する責任の大きさを示すものだ。「家庭の事情」により加害者の過失が相殺され、「責任」が四割も減らされたことによって、今後はいじめ被害の当事者やその遺族が訴訟を足踏みしかねない。私は、その足踏みが現実にならないことを祈りたい。

いずれにしても、裁判の進行とは関係なく、また判決のよし悪しとは関係なく、いじめや不適切な指導による後遺症に被害者とその家族は悩み続ける。また、いじめ自殺や指導死で子どもを失った遺族は、その喪失感や苦しみと向きあう。たとえ裁判の結果が勝訴であっても、被害を受けなかったら過ごせるはずの学校生活や、家族を失わなければ得られた将来の生活は取りもどせない。そして、いじめは児童・生徒同士でも起こるし、子どもと教師のあいだでも起こる。そうした実情をふまえて、「学校生活に起因した死」を私は「学校死」と名づけたのであった。

現実を直視すれば、教師が厳しい労働環境のなかで仕事をせざるを得ない現実がある。それでも、「学校が子どもを殺す」ことがないような、子どもの権利を重視した視点を持ちつづけられるような職場環境を、教師みずからが、また政治や行政が作りだしてほしい。私も取材者として、できることを探っていきたい。

この問題に関心を持ち、執筆の機会を与えていただいた編集者の谷川茂氏には感謝したい。また、何よりも協力いただいた当事者や遺族、教育関係者らにお礼を申し上げたい。

二〇二〇年四月二〇日

渋井哲也

渋井哲也（しぶい・てつや）

1969年、栃木県生まれ。ジャーナリスト、中央大学文学部講師。東洋大学大学院文学研究科教育学専攻博士前期課程修了。元長野日報記者。ネット事件、自殺問題、若者の生き方、サブカルチャーなどを取材。1998年からは、ウェブと生きづらさをテーマに取材を進めている。おもな著書に『実録・闇サイト事件簿』（幻冬舎新書）、『絆って言うな！』（皓星社）、『ルポ平成ネット犯罪』（ちくま新書）、『ルポ　座間9人殺害事件』（光文社新書）など多数。

メールアドレス　hampen1017@gmail.com

学校が子どもを殺すとき
―「教える側」の質が劣化したこの社会で―

2020年6月1日　初版第1刷発行
2022年2月10日　初版第2刷発行

著　者　渋井哲也
発行者　森下紀夫
発行所　論創社
東京都千代田区神田神保町2-23　北井ビル
電話　03（3264）5254　振替口座　00160-1-155266

カバーデザイン　宗利淳一
組版・本文デザイン　アジュール
校　正　小山妙子
印刷・製本　精文堂印刷株式会社
編　集　谷川 茂

ISBN 978-4-8460-1919-8 C0036